W0195730

Der Struwwelpeter für Eltern

Mosaik bei
GOLDMANN

Prof. Karl L. Holtz   Christine Weiner

Der Struwwelpeter für Eltern

Mut zum Erziehen
Mit Liebe und Selbstvertrauen Eltern sein

Mosaik bei
GOLDMANN

*Unser großer Dank geht an Margit Schönberger,
die eines Nachts träumte, es würde ein Struwwelpeter-Buch
für Eltern geben. Nun liegt es vor. Manche Träume werden
eben wahr ... und das ist wunderschön!*

1. Auflage
© 2008 Wilhelm Goldmann Verlag, München,
in der Verlagsgruppe Random House GmbH
Umschlaggestaltung: Eisele Grafik-Design
Redaktion: Annette Baldszuhn
Reproduktion: Lorenz & Zeller, Inning a. A.
Satz: Barbara Rabus
Druck und Bindung: Polygraf Print, Presov
Printed in the Slovak Republic
CH · Herstellung: IH
ISBN 978-3-442-39131-8

www.mosaik-goldmann.de

Inhalt

Vorwort

Das Buch »Der Struwwelpeter« hat uns alle in unserer Kindheit in irgendeiner Form begleitet. Es ist das meistverbreitete Kinderbuch in Deutschland, und es gibt wenige Menschen, die heute Eltern sind, die es nicht als Kind angeschaut und gelesen haben. Aber es ist auch das am meisten umstrittene Kinderbuch, das auf den ersten Blick mit unseren heutigen Erziehungsidealen und dem modernen Menschenbild überhaupt nichts mehr zu tun hat.

Wir wollen mit unserem Buch den »Struwwelpeter« nicht rehabilitieren! Wir ließen uns von den Geschichten im »Struwwelpeter« inspirieren und haben darüber nachgedacht, was diese Geschichten Eltern heute noch sagen können. Assoziativ, subjektiv und in der Logik der Kinder.

Denn wenn man den »Struwwelpeter« heute als Vater oder Mutter liest, dann stellt man mit Erstaunen fest, dass viele Erziehungssituationen und viele Probleme, die Eltern heute im Alltag mit ihren Kindern haben, gar nicht so neu, ja geradezu zeitlos sind. Obwohl sich die gesellschaftlichen Verhältnisse und Rahmenbedingungen inzwischen stark verändert haben, schildern die einzelnen Geschichten aus dem »Struwwelpeter« Bewandtnisse, die sich aus der ganz natürlichen Entwicklung eines Kindes ergeben:

- Kinder suchen ihre eigenen Ausdrucksformen.

- Kinder sind neugierig und eigensinnig.

- Kinder können aggressiv sein.

- Kinder hänseln und ärgern andere Kinder.
- Kinder können bei Tisch nicht stillsitzen.
- Kinder verlieren sich in Träumen
- Kinder können Gefahren noch nicht richtig einschätzen.

Bilder, die prägen

Der »Struwwelpeter« ist nun fast 165 Jahre alt. Es ist ein Buch, das ein Vater für seinen Sohn schrieb. Dieser Vater hieß Dr. Heinrich Hoffmann. Sein Buch machte Furore, wurde vielfach verlegt, raubkopiert und übersetzt. Einer der begeisterten Übersetzer war beispielsweise Mark Twain. Der »Struwwelpeter« war damals das, was man heute populär nennt. Das Buch war ein Bestseller, und jeder, der es sich leisten konnte, hatte es im Bücherschrank stehen.

Als wir hingegen vor einigen Monaten mit unserem »Struwwelpeter für Eltern« begannen, zeigten sich Kollegen und Freunde eher irritiert. »Was? Ihr schreibt über dieses blöde Buch?« Ein Großteil fand die Bilder abschreckend und die Geschichten bedrohlich. »Solch ein Buch kann man Kindern von heute doch nicht mehr zumuten!« Wieder und wieder hörten wir, das Buch sei völlig überholt und insbesondere die Bilder von abgeschnittenen Kinderdaumen und verbrennenden oder sich zu Tode hungernden Kindern seien blutrünstig und grausam.

Dabei war Heinrich Hoffmann mit seinen Illustrationen zu seiner Zeit unter pädagogischen und psychologischen Aspekten innovativ: Der »Struwwelpeter« war eines der ersten Kinderbücher mit Bildern. Als Arzt hatte Heinrich Hoffmann beobachtet, dass Kinder sehr viel mehr über Bilder lernen als über das gesprochene Wort. »Das Kind lernt einfach nur durch das Auge, und nur das, was es sieht, begreift es.« Seine Illustrationen sollten aufklären, verhüten und zur Vorsicht erziehen. Dass man heute dafür ein anderes Bildmaterial verwenden würde, steht außer Frage. Kinder über innere Bilder oder mit Illustrationen erzieherisch und fürsorglich zu beeinflussen, wird in der Lernforschung hingegen immer aktueller.

Wie Sie den »Struwwelpeter für Eltern« am besten lesen

Am liebsten wäre es uns, Sie würden immer wieder in diesem Buch blättern und jeweils das herauslesen, was Ihnen als Eltern gerade hilfreich erscheint und Sie zum Nachdenken und Diskutieren anregt. Die Kapitel orientieren sich an den einzelnen Geschichten im »Struwwelpeter«-Original. Uns kommt es vor allem darauf an, Ihre Neugierde und Ihre Entdeckungsfreude zu wecken, damit Sie – wie wir – vielleicht neue Aspekte in alten Zusammenhängen entdecken.

Wir haben uns bei jeder Geschichte die folgenden Fragen gestellt:

● Welche Grundgedanken zum Thema Kinder und Erziehung sind in der Geschichte zu finden?

● Wie lassen sich diese Kernpunkte auf den modernen Erziehungsalltag übertragen?

● Zu welchem erzieherischen Handeln könnte die jeweilige Geschichte Eltern von heute motivieren?

Immer wieder erinnerten wir uns beim Schreiben an die pädagogische Arbeit mit Kindern und an Familienerlebnisse in unserem Umfeld. In unserer beruflichen Praxis im therapeutischen, beraterischen und pädagogischen Kontext, aber auch in der eigenen Familie haben wir erfahren, dass erzieherische Interaktionen nicht einfach, geradlinig und vorhersehbar verlaufen. Aber wir haben auch gesehen, wie dabei Neugier und das Zutrauen sowohl in die eigenen Fähigkeiten als auch in die der anderen unterstützend wirken. Gegenseitige Wertschätzung und Vertrauen in die Veränderungsmöglichkeiten von Menschen und Situationen sind nicht nur bei der Kindererziehung hilfreich – sondern auch für den Umgang mit sich selbst.

Die »Struwwelpeter«-Geschichten erzählen Ihnen etwas über Kinder, aber sie erzählen Ihnen auch etwas über Sie selbst. Weil auch Sie vielleicht einmal ein kleiner Struwwelpeter oder eine kleine Struwwelpetra waren – und das Kind in Ihnen es vielleicht immer noch ist.

Christine Weiner   *Karl L. Holtz*

»Struwwelpeter«-Kinder

damals
und
heute

Wenn die Kinder artig sind,
Kommt zu ihnen das Christkind;

Wenn sie ihre Suppe essen
Und das Brot auch nicht vergessen,
Wenn sie, ohne Lärm zu machen,
Still sind bei den Siebensachen,

Beim Spazierngehn auf den Gassen
Von Mama sich führen lassen,
Bringt es ihnen Gut's genug
Und ein schönes Bilderbuch.

Kinderwelten zwischen Ideal und Wirklichkeit

Ist sie nicht schön, diese Illustration vom Christkind und der verschneiten Stadt? Da sehnt man sich richtig nach Weihnachten und Heiligabend, und es wird einem warm ums Herz. Und welcher Vater oder welche Mutter hätte es nicht gerne, dass das Kind seine Suppe brav und klaglos isst? Ein Kind, das sich still mit seinen Siebensachen beschäftigt und sich noch über Kleinigkeiten wie ein Bilderbuch freuen kann. Kein Gameboy-Gequake aus dem Kinderzimmer, keine Error-Signale aus dem Computer, keine dröhnende Musik aus irgendeinem Player. Kein Kind, das lauthals ein eigenes Fernsehgerät fürs Kinderzimmer einfordert, sondern ein artiges Kind, das heiter-vergnügt mit Legosteinen spielt oder selbstvergessen seine Puppe im Arm wiegt.

Die Bilder zu diesen ersten Versen zeigen das damalige Leben in all seiner Übersichtlichkeit: adrett gekleidete Kinder, die sich von Mama an der Hand führen lassen und selbstgenügsam mit einfachem Spielzeug spielen, das die Fantasie anregt. Wenn man heute als Erwachsener manchmal zurückblickt, dann kommt einem bereits die eigene Kindheit viel beschaulicher vor als die der eigenen Kinder. »Das hätte ich mir als Kind nicht erlauben können!« oder »Ich wäre als Kind froh gewesen, wenn ich überhaupt ein Zimmer für mich gehabt hätte!« sind Sätze, die fallen, wenn man damals und heute vergleicht.

In den Erinnerungen vieler Menschen »war die Welt noch in Ordnung«, »die Kinder hatten noch Respekt« und die Rollen von Eltern und Kindern waren klar verteilt. Und wenn man als Kind einmal über die Stränge schlug, dann haben die Erinnerungen daran oft den Charme von Lausbubenstreichen wie im Heinz-Rühmann-Klassiker »Die Feuerzangenbowle«. Solche verklärenden Rückbli-

cke werden nicht nur heute angestellt. Auch unsere Eltern und vielleicht auch deren Eltern empfanden die eigene Kindheit eher als »golden«, trotz Armut, trotz Krieg.

Das Ideal der Kindererziehung, das sich rückblickend oft einstellt, eignet sich aber selten für brenzlige Erziehungsmomente in der Realität. Aussagen wie »Ich könnte dir mal erzählen, wie das bei mir war« sind ein wunderbarer Anfang, wenn Sie Ihrem Kind Geschichten aus der eigenen Familie überliefern wollen oder um Ihr Kind mit Ihren persönlichen Kindheitserfahrungen zu ermuntern und zu ermutigen. Wenn die Stimmung zwischen Ihnen und Ihrem Kind hingegen gerade getrübt ist oder wenn Sie Ihr Kind zu einem bestimmten Verhalten motivieren möchten, dann sind solche Vergleiche fehl am Platz. Denn Idealisierungen verstellen den Blick auf das, was wirklich erforderlich ist. Und die Wirklichkeit kommt an das Ideal nie heran.

Kind sein heute

Wenn wir uns umblicken, dann sind nur wenige Familien zu finden, in denen es wirklich »ideal« läuft. Das ist auch kein Wunder, denn das Ideal an sich gibt es ja nicht. Es ist nirgendwo definiert, sondern immer ein Blick aus dem Auge des Betrachters. Sie können wissen, was Ihr Ideal einer Familie ist, aber Ihre Vorstellung kann schon auf Ihren Nachbarn nicht mehr passen. Worin wir uns aber sicher alle einig sind, ist, dass sich heute für Eltern im Leben mit ihren Kindern mehr und mehr Hürden auftun und dass auch die Kinder von heute gezwungen sind, schon früh einige Hürden zu nehmen.

Tatsache ist auch, dass die Armut in viele Familien zurückgekehrt ist. Aufgrund dieser neuen Armut erleben Kinder auch häufiger Gewalt. Die Eltern befinden sich in einer verzweifelten Lage, und es mangelt an Lösungen dafür. Das führt oft dazu, dass die Eltern ihre Kinder anschreien, sie schlagen oder die Kinder sich selbst überlassen. Die Kinder finden sich in Situationen wieder, in denen sie keine oder nur geringe Entwicklungsanregungen erfahren. Das Verhalten, das ihnen vorgelebt wird, ist nicht angemessen, und ein anderes Verhalten kennen sie nicht.

➤ Kinder lernen über Bilder. Auch über »lebendige Bilder«. Das heißt: Das, was Sie Ihrem Kind vorleben, übernimmt das Kind in sein eigenes Handlungs- und Verhaltensrepertoire.

Kinder suchen ihren Platz in dieser Welt

Immer mehr Kindern mangelt es daher an einem umfassenden Handlungsrepertoire. Sie wissen nicht, wie sie ihre Bedürfnisse ausdrücken können. Manchmal wissen sie nicht einmal, welche Bedürfnisse sie haben, und nehmen dann die Anregungen der Werbung als Bedürfnis auf.

Oft genug werden Kinder als zappelig und vorlaut empfunden. Nichts ist ihnen recht, sie fordern, klagen ein und gehen ihren Eltern auf die Nerven. Dabei könnte man fast vergessen, dass sich Kinder nicht aus Jux und Tollerei so nervtötend verhalten. Viel eher scheint es, dass sie manchmal nicht anders können. Als hätten sie kein anderes Verhaltensmuster zur Verfügung, als laut und penetrant zu sein, um ihre Hilflosigkeit zum Ausdruck zu bringen.

Kinder leben heute nicht mehr »hübsch und bescheiden«, denn unsere Lebenswelt ist grell, gefährlich, ungnädig und selbstbezogen. Für ein Kind ist es nicht leicht, seinen Platz in diesem Getümmel zu finden. Und hat es ihn gefunden, so ist es mit der Anstrengung noch nicht vorbei, denn dann muss es sich darum bemühen, dass es seinen Platz in der Gesellschaft auch behält. Deshalb probieren sich Kinder aus. Sie testen die Möglichkeiten, die *wirken*, und die, die *keinen Erfolg* erzielen.

Wenn Kinder einen Misserfolg erleben, dann denken sie nicht nur: »Ich muss mich noch mehr anstrengen, um ans Ziel zu kommen«, sondern auch: »Ich bekomme nicht das, was ich will, darum muss ich mich noch deutlicher bemerkbar machen.«

Eltern sein heute

Die eigenen Bedürfnisse so durchzusetzen, dass andere sie verstehen und sich dennoch respektiert fühlen, wird Kindern immer seltener vorgelebt. Wurde früher dieser Part noch von der Schule, den Pfadfindern oder der Kirche mitübernommen, so fühlen sich heute viele Eltern in unserer komplexen Welt in Erziehungssituationen oftmals überfordert und allein gelassen.

Zweifellos möchte die Mehrzahl der Eltern positiv auf ihre Kinder einwirken. Sie möchten ihnen wichtige Werte vermitteln, den Kindern Respekt vor anderen beibringen, ihren Glauben an sich selbst stärken, ihnen zeigen, wie man mit Fehlern und Schwächen umgeht und selbstsicher den eigenen Lebensweg beschreitet. Diese wenigen Zeilen lesen sich schnell, die einzelnen Wünsche erinnern an die Perlen einer Kette. In Wirklichkeit sind diese Fähigkeiten und Eigenschaften jedoch von ganz elementarer Bedeutung für die Persönlichkeit eines jeden Menschen.

Doch niemand ist perfekt. Und auch Eltern werden diesen Anforderungen im eigenen Leben nicht immer gerecht. Zu Fehlern stehen, aus Misserfolgen lernen – wann haben Sie das letzte Mal dieses Verhalten gezeigt? Und: Wann haben Sie das letzte Mal freundlich und aufbauend mit sich selbst gesprochen? Wie zeigen Sie sich und anderen, dass Sie stolz auf eine Leistung sind? Woran kann Ihr Kind bei Ihnen erkennen, dass Ihnen andere Menschen wichtig sind und Sie diesen Menschen Respekt entgegenbringen?

Kinder lernen von den Erwachsenen, von den Eltern. Wenn es für Sie wichtig ist, dass Ihr Kind bestimmte Werte verinnerlicht, dann ist es an der Zeit, wieder einmal darüber nachzudenken, welche Werte Ihr Leben momentan bestimmen. Was wir als *wert-voll* für unser Dasein erachten, wandelt sich beständig. Noch vor Kurzem war vielleicht der Wert »Freiheit« für Sie ganz wichtig, und nun, da Sie eine Familie haben, ist es eher »Verbundenheit« oder »Treue«.

Fragen Sie sich also einmal, welche Werte Ihnen wirklich wichtig sind. Schreiben Sie das am besten nieder.

Eine Aufgabe mit vielen Herausforderungen

Eltern zu sein bedeutet nicht nur, Verantwortung für einen Menschen zu übernehmen, sondern verstärkt gleichzeitig die Verantwortung für das eigene Tun und Leben. Eltern zu sein gibt Ihnen die Chance, jeden Tag etwas zu lernen, zu gewinnen und zu erfahren. Nicht nur Ihr Kind wächst, sondern Sie wachsen mit, denn Sie werden sich immer wieder neu entdecken: Auf einmal sind Sie stark und setzen sich für Ihr Kind ein. Auf einmal sind Sie schwach, weil Ihr Kind krank ist. Auf einmal müssen Sie weinen, weil Sie in einer Situation mit Ihrem Kind Hilflosigkeit empfinden. Auf einmal sind Sie stolz, weil Ihr Kind gewinnt. Auf einmal sind Sie traurig, weil Ihr Kind verloren hat.

Eltern sein ist eine Aufgabe mit großen Herausforderungen, und wenn aus einem Paar Eltern werden, stellen sich ihnen viele grundsätzliche Fragen:

- Wie macht man das eigentlich, erziehen?

- Wie lebt man seinen Kindern angemessenes Verhalten vor?

- Wie und wann zieht man als Eltern Grenzen?

- Wie sorgt man dafür, dass ein Kind selbstbewusst wird, aber nicht egozentrisch?

Kaum eine andere Lebenssituation fordert uns in diesem Maß heraus. Die heile Dorfgemeinschaft von früher ist vergangen und war so oder so nie wirklich da. Zur Zeit des »Struwwelpeters« schien man zu wissen, wie man erzieht, welche Normen und Werte vermittelt werden sollten, wie eine erziehungstüchtige Familie auszusehen hatte. Das Leben heute ist aber sehr viel komplexer und damit auch komplizierter. Außerdem ist es kein Bilderbuch.

Lebensvielfalt mit Vor- und Nachteilen

Ein achtjähriges Kind bekommt heute pro Jahr, meist durch das Fernsehen, mehr bedeutsame Informationen und Lebensentwürfe vermittelt als bürgerliche Kinder der Hoffmann'schen Zeit in ihrem ganzen Leben. Das kann einerseits eine Bereicherung sein, aber es verunsichert auch – Eltern und Kinder. Hinzu kommen die zahlreichen Bücher über Erziehung, Kindheit, Elternschaft, die Ausdruck dieses vielfältigen Lebens und der unterschiedlichen Vorhergehensweisen sind.

Doch das Vielfältige ist nicht nur »viel«, sondern auch »vielfarbig«. Wie der »Struwwelpeter« – und nicht nur im Sinne der Illustrationen. Mit offenem Geist und offenem Blick können Eltern von heute zahlreiche Gelegenheiten entdecken, diese Vielfarbigkeit wahrzunehmen und als Möglichkeiten zu akzeptieren. Denn ob wir die Vielfalt unseres heutigen Lebens gut finden

oder nicht, berührt die Vielfalt wenig. Es geht also nicht um ein
»Ja« oder »Nein«, sondern um das »Wie«. *Wie* können Sie die
Vielfalt des Lebens genießen und sie nicht als Druck empfinden?
Wie können Sie Ihrem Kind beibringen, mit der Vielfalt – gemäß
seinen Ressourcen – umzugehen?

*Familie P. hat festgestellt, dass sich die Familie als Ganzes
kaum noch trifft. Herr P. pendelt und kommt abends spät nach
Hause. Frau P. hat einen Halbtagsjob angenommen, der den
Tag beschneidet. Die fünfjährige Lina ist mit Kindergarten und
Reitunterricht »ausgelastet«. Der achtjährige Josua ist immer
häufiger bei seinem Freund zu finden, weil der schon einen
Computer besitzt. So hatten sich Herr und Frau P. Familie nicht
gedacht. Von dem Ideal, das ihnen einst vorschwebte, ist nicht
mehr viel übrig geblieben.*

*An einem Abend beschließen beide, diesem Verlust nachzu-
spüren und zu überlegen, was sie tun können, damit sie sich ihrem Ideal wieder ein wenig annähern können. Sie vereinbaren,
zukünftig wenigstens das Frühstück gemeinsam einzunehmen.
Erst das Paar für sich, etwas später dann zusammen mit den
Kindern. Dies ist ein Anfang, das wissen sie, und sie machen sich
weitere Notizen, was die Familie wieder stärken könnte. Am da-
rauffolgenden Sonntag besprechen die beiden ihre Überlegungen
mit den Kindern. Und siehe da, auch diese haben Vorschläge
und Wünsche. »Es wird!«, sagt Frau P. zu ihrem Mann und kann
richtiggehend spüren, wie sie wieder zufriedener wird.*

Zeit lässt sich nicht zurückdrehen und nicht verändern. Aber Sie
als Familie können versuchen, sich Ihr Ideal von Familienleben
auszumalen, und dann zu schauen, was Sie davon verwirklichen
wollen oder können. Der »Struwwelpeter« ist dabei ein guter
Begleiter, denn nichts ist so, wie es auf den ersten Blick scheint.
Es gibt Hintergründe, die sich zeigen, wenn wir nachfragen und
zuhören. Und es gibt Ideen und Chancen, die sich dabei auftun.
Nichts muss so bleiben, wie es ist, wenn wir offen sind, über den
Tellerrand eines Suppenkaspars hinauszusehen. Und auch der
Struwwelpeter ist dann mehr als ein ungepflegter Junge mit zot-
teligem Haar.

Der Struwwelpeter

Oder:

Von der
Auffälligkeit des
Verhaltens

Sieh einmal, hier steht er –
Pfui! Der Struwwelpeter!
An den Händen beiden
Ließ er sich nicht schneiden

Seine Nägel fast ein Jahr.
Kämmen ließ er nicht sein Haar.
»Pfui!« ruft da ein jeder:
»Garst'ger Struwwelpeter!«

Worum es in dieser Geschichte geht

Ein Junge hat sich schon lange nicht mehr die Haare und die Fingernägel schneiden lassen und unterscheidet sich durch sein ungepflegtes Aussehen von einem »braven Kind«. Deshalb trägt er den Spitznamen Struwwelpeter und wird als abschreckendes Beispiel eines »garstigen Kindes« vorgeführt.

Was diese Geschichte Eltern heute sagen kann

- Warum kleine Kinder sich nicht gern die Haare schneiden lassen.
- Wie Eltern ihrem Kind auf dem Weg zum eigenen Ich eine gute Begleitung sind.
- Warum Spitznamen Kinder in eine Schublade stecken.
- Warum sich hinter auffälligem Verhalten immer Ursachen verbergen.
- Warum für Heranwachsende Haartracht und Frisur Ausdruck ihrer Persönlichkeit sind.

Ein kleiner Junge wird vorgeführt

»Sieh einmal, hier steht er …« Wohl selten kommt in einer
Zeile so viel moralisch erhobener Zeigefinger zum Ausdruck.
Vielleicht hören Sie beim Lesen auch gleich eine Stimme in
warnender, diskriminierender, selbstgefälliger Tonlage. An den
Struwwelpeter, diesen als garstig bezeichneten Jungen, erinnern
sich die meisten Erwachsenen, wenn man sie nach dem gleich-
namigen Buch fragt. Denn oft genug wurde sein Verhalten und
sein Aussehen dafür benutzt, Kinder zum Friseur oder ins Bad
zu schicken: »Wie siehst du denn aus? Wie der Struwwelpeter!«
      Aber wie sieht der Struwwelpeter denn eigentlich aus?
Wenn man die Illustration einmal genau betrachtet, dann macht
dieser Junge alles andere als einen »garstigen«, also aufmüp-
figen oder bedrohlichen Eindruck. Er sieht eher traurig aus.
Oder erschrocken, weil auf einmal alle mit dem Finger auf ihn
zeigen. Weil er vorgeführt und an den Pranger gestellt wird. Und
warum machen die anderen das? Weil er mit seinem Verhalten
auffällt.

Die Schublade »verhaltensauffällig«

»Verhaltensauffällig« ist ein Wort, das heutzutage oft benutzt
wird. Zunächst einmal wird damit lediglich ausgesagt, dass ein
bestimmtes Verhalten auffällig ist, also von einer bestimmten
Erwartung abweicht. Diese Abweichung müsste aber erst definiert werden. Ein Kind kann auch »verhaltensauffällig« sein,
wenn es in einer Situation gelassen bleibt, in der man eher einen Wutausbruch erwarten würde. Wann immer Sie deshalb
den Begriff »Verhaltensauffälligkeit« hören, sollten Sie zuerst
genau nachfragen, was damit gemeint ist und um welche Abweichung es geht.

Im Falle des Struwwelpeters wird nicht nachgefragt. Er wird ohne genauere Betrachtung seines Verhaltens in eine Schublade gesteckt und hat seinen Spitznamen weg. Niemand weiß, was dieser Junge sonst noch zu bieten hat, er muss nur als abschreckendes Beispiel für ein ungepflegtes und damit schlechtes Kind herhalten. Der Spitzname blendet den Zusammenhang, in dem es zu dieser Entwicklung gekommen ist, völlig aus. »Was ist denn eigentlich vorgefallen«, müsste man fragen, »dass ein kleiner Junge überlange Fingernägel und strubbelige Haare braucht, um auf sich aufmerksam zu machen?« Oder vielleicht will er überhaupt nicht auf sich aufmerksam machen, sondern seine langen Haare und Fingernägel stellen eine Form der Abgrenzung dar?

Auch einige der anderen Kinder im »Struwwelpeter« tragen Spitznamen, die sich bis heute gehalten haben: der Suppen-Kaspar, der Zappel-Philipp oder der Hans Guck-in-die-Luft.

Wenn Ihr Kind plötzlich ein auffälliges Verhalten zeigt oder sich eine ungewöhnliche Optik zulegt, sollten Sie es nach seinen Gründen fragen. Eltern, die bereit für Fragen sind und ihre eigenen Antworten darauf erst einmal vergessen, haben gute Möglichkeiten, mehr darüber zu erfahren, *warum* ihr Kind sich solche auffälligen Merkmale zulegt.

Mit vorgefertigten und nicht hinterfragten Antworten und Feststellungen laufen Sie Gefahr, bestimmte Vorurteile einfach zu übernehmen und Ihr Kind in eine Schublade zu stecken. Mit ehrlichen, interessiert gestellten Fragen zeigen Sie Ihrem Kind, dass Sie wirklich wissen wollen, was es bewegt. Es wird sich anerkannt und respektiert fühlen. Nachfragen bringt zwar nicht immer die gleiche Meinung oder eine Lösung mit sich, ist aber immer der Startschuss für ein Gespräch.

Warum Spitznamen und Kosenamen zum Selbstläufer werden können

»Namen sind Programm«, heißt es. Und auch Spitznamen oder Kosenamen können sich verselbstständigen. Ein Mädchen, das von seinen Eltern »Chefin« gerufen wird, wird zwangsläufig das Sagen in der Familie übernehmen. Es wird aus diesem Spitznamen ableiten, dass es weiß, wo es langgeht, und wird deshalb grundsätzlich erst einmal auf den eigenen Wünschen beharren. Jedes neue »Chefin« wird das Mädchen in diesem Verhalten bestärken. Ein Junge, der »Mäuschen« gerufen wird, weil er oft schüchtern ist, wird geneigt sein, zurückhaltend zu bleiben. Jeder Versuch in Richtung mehr Mut und Selbstbewusstsein wird durch ein neues »Mäuschen« untergraben. Denn ein »Mäuschen« ist von Natur aus klein und scheu.

➤ Haben Sie Ihrem Kind einen Spitznamen oder einen Kosenamen gegeben? Auf welcher Eigenschaft gründet dieser Name? Mag das Kind es, wenn es so gerufen wird? Passt der Name noch zu der Entwicklung Ihres Kindes? Werden Sie selbst oder Ihr Partner auch mit einem Spitznamen oder Kosenamen gerufen? Finden Sie diesen Namen zutreffend? Wollen Sie so sein, wie es der Name ausdrückt?

Hinter die Fassade schauen

Ein Kind in die Schublade »verhaltensauffällig« zu stecken, ist eine bequeme Haltung des Augenverschließens. Sinnvoll und hilfreich ist es dagegen zu betrachten, *warum* das Kind sich so verhält. Mit dieser Sicht lässt sich dann auch erkennen, in welches Verhältnis das Kind sich zu seiner Lebenswelt setzt, denn es gibt eine Vielzahl von Bedingungen, die zu dem führen, was man später auffälliges Verhalten nennt.

Immer wieder werden Sie als Eltern mit Verhaltensweisen Ihres Kindes konfrontiert werden, die für Sie unverständlich sind, die Ihnen unangenehm sind oder die Sie vielleicht sogar abscheulich finden. Versuchen Sie im Gespräch mit dem Kind herauszufinden, welche Bedingungen sein Verhalten begünstigen. Was möchte Ihr Kind mit seinem Verhalten zum Ausdruck bringen? Welche Motive stecken dahinter? Sie können auch andere Erwachsene darüber befragen, die Ihr Kind gut kennen. Wie nehmen diese Ihr Kind wahr? Wie wirkt sein Verhalten auf sie? Zeigt das Kind seine »Auffälligkeit im Verhalten« in bestimmten Situationen öfter und in manchen weniger? Was könnten die Ursachen dafür sein?

Kinder auf dem Weg zum eigenen Ich

Das Aussehen ist neben dem Verhalten für Kinder eine Möglichkeit, auf sich aufmerksam zu machen, sich abzugrenzen, sich zu spüren. Zum Aussehen gehören auch die Haare. Bereits für kleine Kinder sind ihre Haare von großer Bedeutung.

Kaum ein Erwachsener hat an das Haareschneiden in der Kindheit angenehme Erinnerungen. Es gibt entwicklungspsychologische Zusammenhänge, denn im Alter von zwei bis vier Jahren, wenn einem Kind in der Regel zum ersten Mal vom Friseur die Haare geschnitten werden, entdecken sich die meisten kleinen Menschen als eigene Person. Das Kind gebraucht zum ersten Mal das Wort »Ich« und probiert aus, welchen Einfluss dieses »Ich« auf alles »Nicht-Ich«, das heißt auf die Umgebung hat. Zu diesem Einfluss gehören all die Gefühle und Bedürfnisse, die bei diesem »Ich« Ansprüche anmelden. Es ist das Alter, in dem ein Kind lernt, seine Ausscheidungen zu kontrollieren. Und es ist das Alter, in dem ihm große Emotionen wie Wut oder Traurigkeit bewusst werden. Das Kind nimmt sich wichtig, früher sagte man, es kommt in die »Trotzphase«.

Eltern fällt es häufig schwer, die Trotz- und Wutreaktionen als das zu nehmen, was sie sind: Versuche des Kindes, mit der eigenen Gefühlswelt und den vielfältigen Anforderungen der Umwelt fertig zu werden. Auf seiner Entdeckungsreise in die eigene Persönlichkeit gerät das Kind häufig in den Zwiespalt zwischen Neugier und der Angst vor dem Unbekannten. Auch wenn Ihr Kind es Ihnen noch nicht zeigen kann: Es traut sich mehr zu auf dieser Entdeckungsreise, wenn Sie für es Orientierungspunkt und Fels in der Brandung sind.

Die Persönlichkeit wird zurechtgestutzt

In dieser Entwicklungsphase geht es auch darum, dass das Kind Grenzen akzeptiert – oder nicht. Haare schneiden ist solch eine Grenzsituation. Etwas, das zum Kind gehört, das mit ihm gewachsen ist, wird auf einmal geformt und zurechtgestutzt. Kinder fühlen sich häufig dem Friseur ausgeliefert, denn ihr Handlungsspielraum ist dann sehr begrenzt. Sie sitzen auf einem Hocker, da sind die Eltern, hier der Friseur, und die Erwachsenen verhandeln darüber, was gleich auf dem Kopf geschieht. Wir Erwachsenen wissen ja aus eigener Erfahrung, wie schlimm es sich anfühlt, wenn der Friseur etwas verpfuscht. Haare sind Ausdruck der Persönlichkeit. Das gilt für Erwachsene genauso wie für Kinder.

Die eigene Persönlichkeit zu entdecken, bedeutet auch, eine Idee davon zu bekommen, wie man aussehen möchte. Ein Bild von sich zu haben und sich mit diesem Bild wohlzufühlen. Äußerliche Eingriffe in dieses Bild werden als Angriff wahrgenommen. Nicht nur die Haare des Kindes werden so gestutzt, sondern auch seine Seele.

Hanna H. erinnert sich noch heute daran, wie schrecklich sie sich fühlte, wenn ihre Mutter ihr mal wieder die Haare schneiden wollte. »Ich sah danach immer ganz furchtbar aus, weinte und wollte nicht mehr in die Schule. Ich hasste mein Gesicht, und ich hasste meine Mutter, die sich die Fähigkeit anmaßte, mir, dem Kind, die Haare zu schneiden. Es war wie ein Missbrauch, eine Vergewaltigung. Sie tat mir Gewalt an, aber ich war Kind und konnte mich nicht wehren. Wenn ich danach weinte, sagte sie nur: ›Du wirst dich an den neuen Haarschnitt gewöhnen!‹ Aber ich gewöhnte mich nie daran. Sie sparte damals Geld auf meine Kosten. Sie selbst ging nämlich zum Friseur.«

Haare schneiden muss gelegentlich sein. Sie können die leidige Angelegenheit aber für Ihr Kind leichter machen. Zum Beispiel, indem Sie es mitnehmen, wenn Sie selbst zum Friseur gehen. Dann sieht es, dass Sie sich auf den Friseurbesuch freuen und sich hinterher mit ihrer neuen Frisur wohlfühlen. Sprechen Sie außerdem mit dem Kind darüber, welche Frisur ihm gefallen würde. Und lassen Sie es zu, wenn es vom Sitz springt und sich doch nicht die Haare schneiden lassen will. Zu einem angenehmen Friseurbesuch gehört auch, dass man dieser Situation nicht ausgeliefert ist. Wenn Ihr Kind diese positiven Erfahrungen machen darf, wird es bald gelassener und beruhigter auf dem Friseurstuhl sitzen bleiben.

Haare als Abgrenzung

Es gibt wohl kaum einen Körperbereich, wo sich die Genera-
tionen so voneinander unterscheiden wollen wie hinsichtlich
der Haartracht. Und so gab es in den letzten Jahren bei den Heranwachsenden Rasta-Locken, Punk-Frisuren oder kahl rasierte
Köpfe. Gerade Jungen möchten durch ihre ungebändigte Haar-
pracht oft demonstrieren, dass sie sperrig sind und unbequem.
Rebellen und Anführer haben schließlich ebenfalls häufig wildes
Haar.

All das irritiert die Erwachsenen, und das muss auch so sein,
denn die eigenständige Lebensführung der nächsten Generation
wird durch diese Abgrenzungsversuche unterstützt. Es hat Versuche von Vätern gegeben, für die eigenwillige Haartracht ihrer
Söhne großes Verständnis aufzubringen. Das hatte den gleichen
Effekt wie die Versuche der Bekleidungsindustrie, die Punk- und
Rasta-Mode zu kommerzialisieren: Die kreativen Absetzungs-
bewegungen der Jugendlichen fallen dann umso deutlicher und
extremer aus.

Kinder bei der Lebensgestaltung begleiten

Häufig sind die gewählten Umwege, die Heranwachsende auf
dem Weg zu sich selbst gehen – zur eigenen Haartracht wie zur
eigenen Lebensgestaltung –, mühsam, steinig und für alle Beteiligten schmerzlich. Und nicht immer führen sie zu einem guten Ende. Als Eltern können Sie aber präsent sein, egal wie befremdlich Sie die Ausdrucksmöglichkeiten Ihres Kindes finden.
Das bedeutet im Lebensalltag, dass Sie die Tür zu sich und zu
Ihrem Haus offen lassen. Damit machen Sie deutlich, dass Sie,
wenn es von der anderen Seite gewünscht ist, bereit sind, über
Probleme zu sprechen und Hilfe anzubieten.

*Die Haare stehen dem Struwwelpeter wild zu Berge.
Fast könnten es Rasta-Locken sein, die sich heute
viele Pubertierende wachsen lassen. Für die meisten
Eltern ist es keine angenehme Vorstellung, dass ihr
Kind eines Tages mit zerrissenen Klamotten, Piercings
im Gesicht und langen zotteligen Haaren durch die
Straßen läuft.*

*»Als ich ein Jugendlicher war«, erinnert sich der
Gentleman-Berater Dirk Pfister, »da war ich Punk.
So richtig mit Igelfrisur und Sicherheitsnadel durch
die Wangen. Meine Eltern hatten eine Bäckerei und
schämten sich so für mich, dass ich das Haus nur durch
die Backstube verlassen und betreten durfte und auf
keinen Fall durch das Geschäft.« Heute muss er darüber schmunzeln, denn Dirk Pfister berät Manager,
wie sie durch passende Kleidung ihre Wirkung verbes-
sern können.*

*Aussehen ist sein Thema. Einst als Punk und jetzt
als Berater. Ob seine Eltern das damals ahnten? Für
sie war Dirk nur ein Struwwelpeter. Ein Junge, der
sich nicht kämmen und nicht waschen will.*

Ein Kind auf dem Weg ins Leben unterstützen

- Zeigen Sie Ihrem Kind, dass Sie es ernst nehmen.

- Fragen Sie immer wieder nach, und bleiben Sie an allem, was Ihr Kind betrifft, interessiert.

- Erklären Sie Ihrem Kind das Leben als »Zeitstrahl«. Das bedeutet, dass nichts bleibt, wie es ist, und alles wandelbar ist.

- Bestärken Sie Ihr Kind in allem, was es gut macht und kann, und zeigen Sie ihm, dass Sie all dies positiv wahrnehmen.

- Ermutigen Sie Ihr Kind, über sich selbst hinauszuwachsen, indem es zunehmend Vertrauen in sich und seine Umwelt gewinnt.

- Zwingen Sie Ihrem Kind keine Mode und keine Frisur auf.

Die Geschichte vom bösen Friederich

Oder: Von Gewalt und Aggressionen

Der Friederich, der Friederich,
Das war ein arger Wüterich!
Er fing die Fliegen in dem Haus
Und riß ihnen die Flügel aus.

Er schlug die Stühl und Vögel tot,
Die Katzen litten große Not.
Und höre nur, wie bös er war:
Er peitschte, ach, sein Gretchen gar!

Am Brunnen stand ein großer Hund,
Trank Wasser dort mit seinem Mund.

Da mit der Peitsch herzu sich schlich
Der bitterböse Friederich

Und schlug den Hund, der
heulte sehr,
Und trat und schlug ihn
immer mehr.
Da biß der Hund ihn in
das Bein,
Recht tief bis in das Blut
hinein.

Der bitterböse Friederich,
Der schrie und weinte bitterlich. –

Jedoch nach Hause lief der Hund
Und trug die Peitsche in dem Mund.

Ins Bett muß Friedrich nun hinein,
Litt vielen Schmerz an seinem Bein;
Und der Doktor sitzt dabei
Und gibt ihm bittre Arzenei.

Der Hund an Friedrichs Tischchen
    saß,
Wo er den großen Kuchen aß.
Aß auch die gute Leberwurst
Und trank den Wein für seinen Durst.
Die Peitsche hat er mitgebracht
Und nimmt sie sorglich sehr in acht.

Worum es in dieser Geschichte geht

Ein Junge ist böse und aggressiv, er schlägt seine Mitmenschen und quält Tiere. Seine Respektlosigkeit gegenüber Mensch und Tier muss er am Ende büßen, indem sich sein gewalttätiges Verhalten gegen ihn selbst kehrt.

Was diese Geschichte Eltern heute sagen kann

- Welche Bedeutung Aggressionen in der Entwicklung eines Kindes haben.

- Wie Eltern auf Aggressionen bei ihrem Kind angemessen reagieren.

- Warum Strafen oft nicht wirken.

- Wie man Kindern beibringt, sich ohne Aggressivität durchzusetzen.

- Wie sich Konflikte zwischen Eltern und Kindern konstruktiv bewältigen lassen.

Eine Welt voller Gewalt

Beinahe täglich liest man in der Zeitung über gewalttätige Übergriffe und hört davon in den Nachrichten. Vielleicht ist auch Ihr Kind schon einmal Opfer von Gewalt geworden. Oder Sie entdecken Anzeichen, dass Ihr Kind Frust, Wut und Zorn nicht zu kontrollieren vermag und selbst aggressiv gegen andere ist. Der Schock bei den Eltern sitzt tief, wenn sie sehen, dass ein Kind, was Gewalt angeht, keine Grenzen mehr zu kennen scheint. Auch Tiere werden gepiesackt, und viele Kinder nehmen gar nicht wahr, dass es sich bei einem Tier um ein Lebewesen handelt, dem die gleiche Wertschätzung und Fürsorge gebührt wie den Mitmenschen.

Aus Spiel ist Ernst geworden

Der »böse Friederich« aus dem »Struwwelpeter« schlägt andere mit seiner Peitsche. Heute tragen einige Kinder und Jugendliche Messer oder gar Pistolen mit sich. Dass Kinder gegen andere Kinder oder Erwachsene gewalttätig werden, scheint an der Tagesordnung zu sein. Schüler werden in der Schule von Mitschülern gedemütigt, erpresst, bedroht, und manchmal bekommen sie körperliche Gewalt zu spüren. Waren es früher eher die Jungen, die bereit waren zuzuschlagen, ziehen nun die Mädchen nach. Die Palette beschränkt sich dabei nicht mehr nur auf Kneifen und Zwicken oder auf Hänseln und Verspotten.

Mit Gewalt umgehen lernen

Dennoch ist Gewalt kein Phänomen unserer Zeit, denken wir nur an all die Kriege der Vergangenheit, an die Foltermethoden oder die Inquisition. Schon immer haben Menschen einander brutal gequält, ohne Respekt und Mitgefühl. Der Mensch trägt offenbar das Potenzial zu aggressiven Handlungen in sich. Aber wie ein Mensch später damit umgeht und wie er dieses Gewaltpotenzial zu kontrollieren lernt, wird ihm im Rahmen seiner Sozialisation vermittelt. Hier sind die Erfahrungen der frühen Kindheit von großer Bedeutung. Mit Ihren Erziehungsmaßnahmen und dadurch, wie Sie selbst mit Gewalt und Aggressionen umgehen, können Sie Ihr Kind von klein auf darin unterstützen, sich konstruktiv mit den eigenen Aggressionen auseinanderzusetzen.

Auch die Bedingungen, die Gewalt hervorrufen, müssen Eltern und Kindern klar sein. Die Gewaltenteilung der Staatsgewalt ist eine konstruktive Lösung gegen Willkür und Missbrauch. Die Gewalt, die mit jeder Erziehung verbunden ist, muss ständig hinterfragt werden. Willkür und Missbrauch können auch hier nicht toleriert werden. Und wenn wir genau hinschauen, stellen wir fest, dass viele Bedingungen auf dieser Welt Ursache und Folge von Gewalt und Machtmissbrauch sind: Krieg und Hunger auf der Erde, aber auch die Armut vor unserer eigenen Haustür.

Armut und Gewalt

Jedes sechste Kind ist nach den letzten Erhebungen in Deutschland von Armut bedroht. »Bedroht« meint dabei nicht nur, dass diese Kinder Hunger leiden und auf viele Bildungschancen verzichten müssen, sondern auch, dass sie in ihrem Umfeld vermehrt mit direkter Gewalt konfrontiert sind. Familien, die durch den täglichen Überlebenskampf unter Stress stehen, haben oft auch weniger Möglichkeiten, sich differenziert mit ihren Kindern auseinanderzusetzen. Die heranwachsenden Kinder verlieren dadurch das Selbstvertrauen in die eigenen Kräfte. Dieses Selbstvertrauen ist aber ein wichtiger Schutzmechanismus gegen Gewalt.

Anna Wahlgren schreibt in ihrem Ratgeber »Das Kinderbuch«: »Gewisse Dinge wird es in dieser Welt immer geben. Gewalt gibt es überall. Wir müssen sie nicht noch zum Bleiben einladen.« Wir können durch unsere Erziehungsversuche die Gewalt zwar nicht aus der Welt schaffen, und es liegt auch nicht in unserer Hand, gewaltverherrlichende Filme und Computerspiele zu beseitigen, aber wir können versuchen, unsere Kinder auf diese Einflüsse vorzubereiten. Die Auseinandersetzung mit Gewalt muss schon früh in der Erziehung beginnen.

Die Entwicklung von Trotz und Zorn

»Es schreit«, lautet der freudige Kommentar, wenn ein Kind das Licht der Welt erblickt. Sein Schreien ist für Vater und Mutter das Begrüßungssignal: »Ich bin da!« Es könnte auch »Ich bin!« bedeuten, denn ein neugeborenes Menschenkind ist bereits mit ganz bestimmten Anlagen und einem individuellen Verhalten, womöglich schon mit einer kompletten Persönlichkeit ausgestattet, die wir Eltern nur bedingt formen, steuern oder gar verändern können.

Doch in den ersten Wochen ist uns das noch nicht bewusst. Das kleine Wesen ist auf unsere Unterstützung angewiesen. Ohne die Eltern ist es hilflos. Sein Schreien bewerten wir als eine Sprache, die wir nicht verstehen und die wir mit »Hat es Hunger? Hat es Durst? Will es gewickelt werden? Will es auf den Arm genommen werden?« laienhaft übersetzen. Mit zunehmendem Wachstum des Kindes geht den meisten Eltern dann die Brüllerei auf die Nerven. »Sag mir, was du willst, und brüll nicht!«, fordern sie ihr Kind auf – mehr zur Schonung der eigenen Nerven, als um kindliche Bedürfnisse zu erfüllen.

Und dann kommt eines Tages der Zeitpunkt, da ist allen Beteiligten klar: Jetzt wird das Geschrei gezielt genutzt, um etwas durchzusetzen. Das Kind probiert aus, ob und was es mit seinem Schreien bewirken kann. Meist will es etwas bekommen. Für uns Erwachsene handelt es sich dabei nicht unbedingt um etwas Lebensnotwendiges (Bonbons an der Supermarktkasse, ein Eis, etwas zu trinken, den Telefonhörer etc.), für das Kind in diesem Moment scheinbar schon.

Kinder in der »Trotzphase«

Zu diesem Zeitpunkt und mit diesem Verhalten – in der sogenannten Trotzphase – löst sich das Kleinkind mehr und mehr aus der engen Beziehung mit den Eltern und erlebt sich zunehmend als eigenständige Persönlichkeit. Und so wie es sich etwa mit zwei bis drei Jahren als neuen Mittelpunkt der Welt erfährt, versucht es auch intensiver, mit den ihm zur Verfügung stehenden Mitteln für die Erfüllung seiner Bedürfnisse zu sorgen: Wenn es schreit, werden andere, die ihm etwas geben können, auf es aufmerksam. Wenn es mit dem Fuß gegen die Tür donnert, kommt jemand und macht die Tür auf. Sich lautstark bemerkbar machen, ist häufig die einzige, oft aber eine äußerst erfolgreiche, weil schnell wirkende Methode für das Kind, sich wieder angenehme Gefühle zu verschaffen.

Es wird noch einige Zeit dauern, etwa bis zum Schuleintritt, bis das Kind seine Bedürfnisse selbst zu kontrollieren gelernt hat. Zu Beginn der Trotzphase sieht sich das Kind einer

Situation ausgesetzt, die an die Geburt erinnert. War es damals den neu auf es einströmenden Eindrücken ausgesetzt, auf die es reflexartig reagierte und die es zunehmend einordnen konnte, sieht es sich jetzt seinen unterschiedlichen Gefühlen ausgesetzt, die es zunehmend kontrollieren lernen muss. Da sind angenehme Gefühle wie Geborgenheit und Freude, aber auch Wut, Verlassenheit und Angst, die das Kind zu überwältigen scheinen. Es erlebt sich nicht nur als eigenständig, es erlebt sich auch als allein, und es greift zu den vertrauten und bisher erfolgreichen Mustern, diese Gefühle in den Griff zu bekommen: Es stampft auf, schreit los, weint, tritt nach Sachen, schlägt nach den Eltern oder Geschwistern.

Strafen stellen falsche Weichen

Zunächst erleben Väter und Mütter diese Trotzphase als Zeichen von Lebendigkeit oder Durchsetzungsfähigkeit ihres Kindes. Doch zunehmend reagieren die meisten Eltern gereizt. Dann werden Strafmaßnahmen eingesetzt, die, wie die Eltern meinen, notwendige Grenzen setzen.

Doch durch übereilte Strafmaßnahmen lernen Kinder vor allem eines: dass es schmerzhaft ist, seine Gefühle zu zeigen, und dass Eigenständigkeit bedrohlich ist. Die strafende Fremdkontrolle lehrt nicht, wie man seine Gefühle besser kontrollieren kann. Strafen zielen nur darauf ab, diese Bedürfnisse zu unterdrücken. Das Resultat sind Gefühle von Ohnmacht und Hilflosigkeit. Die Kontrolle der Gefühlswelt kann so nicht gelingen.

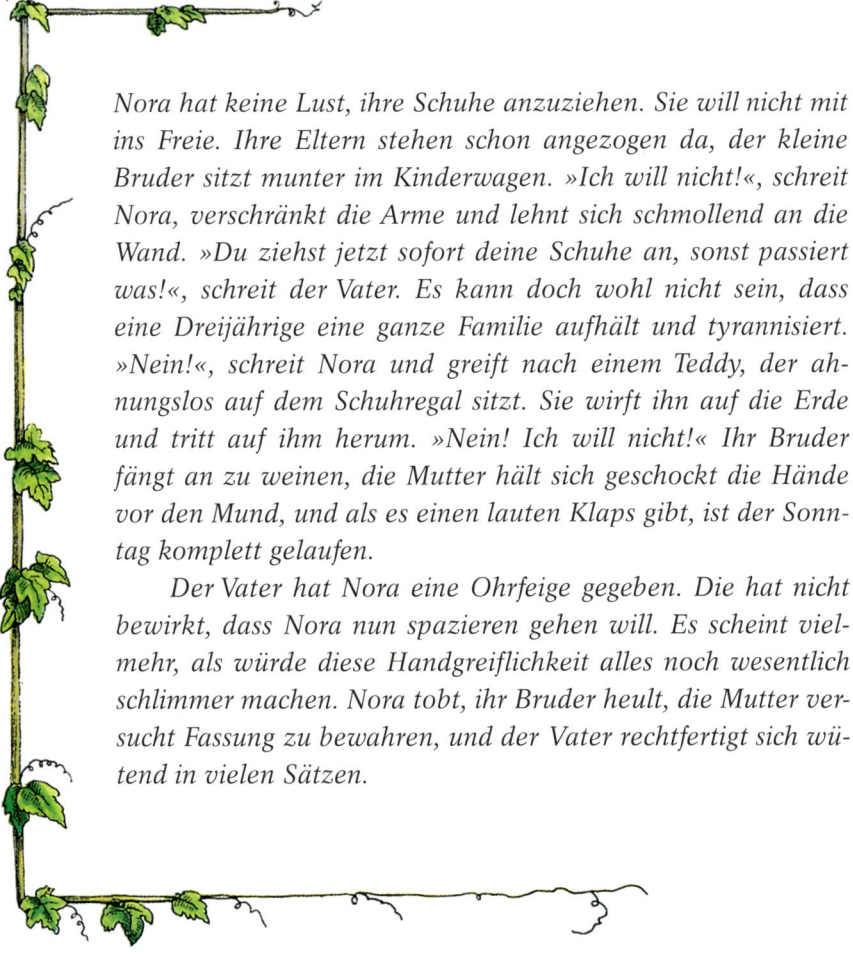

Nora hat keine Lust, ihre Schuhe anzuziehen. Sie will nicht mit ins Freie. Ihre Eltern stehen schon angezogen da, der kleine Bruder sitzt munter im Kinderwagen. »Ich will nicht!«, schreit Nora, verschränkt die Arme und lehnt sich schmollend an die Wand. »Du ziehst jetzt sofort deine Schuhe an, sonst passiert was!«, schreit der Vater. Es kann doch wohl nicht sein, dass eine Dreijährige eine ganze Familie aufhält und tyrannisiert. »Nein!«, schreit Nora und greift nach einem Teddy, der ahnungslos auf dem Schuhregal sitzt. Sie wirft ihn auf die Erde und tritt auf ihm herum. »Nein! Ich will nicht!« Ihr Bruder fängt an zu weinen, die Mutter hält sich geschockt die Hände vor den Mund, und als es einen lauten Klaps gibt, ist der Sonntag komplett gelaufen.

Der Vater hat Nora eine Ohrfeige gegeben. Die hat nicht bewirkt, dass Nora nun spazieren gehen will. Es scheint vielmehr, als würde diese Handgreiflichkeit alles noch wesentlich schlimmer machen. Nora tobt, ihr Bruder heult, die Mutter versucht Fassung zu bewahren, und der Vater rechtfertigt sich wütend in vielen Sätzen.

➤ Immer wenn Eltern den »Eigen-Sinn« des Kindes oder des Heranwachsenden als störend empfinden, ist es ratsam, sich diese Situationen genau anzuschauen, um dann zu überlegen, welche anderen Handlungsmöglichkeiten es für das Kind gibt.

Wut und Zorn kontrollieren lernen

Durch Strafen wie eine Ohrfeige lernen Kinder vor allem eines: dass man seinen Willen mit einem aggressiven Akt durchsetzen kann. Was sie aber in einer Situation wie der im Beispiel geschilderten lernen müssen, ist, Gefühle wie Wut und Zorn zu kontrollieren. Kinder fühlen sich in Konfliktsituationen nicht nur von außen bedrängt, sondern gleichzeitig auch den eigenen Gefühlen ausgeliefert. Es mangelt ihnen an den Lösungsmöglichkeiten und Alternativen, die wir Erwachsenen im Laufe des Lebens entwickelt haben. Wir haben bereits viele Konfliktsituationen in der Vergangenheit durchleben und abschließend bewerten können. Was lief gut? Was ging daneben?

Ein dreijähriges oder auch ein bisschen älteres Kind hat diese Erfahrungen noch nicht sammeln können. Es kann sich bei Konflikten nur auf das beziehen, was es bislang erlebt hat und wie seine Eltern und andere Erwachsenen mit solchen Situationen umgehen. Wenn es die Erfahrung macht, dass gemeinsame familiäre Aktivitäten mehr und mehr mit Weinen, Brüllen, Erschrecken, Chaos und Schuldgefühlen verbunden sind und obendrein schmerzhaft mit einer Ohrfeige enden, wird das Kind dieses Verhaltensmuster verinnerlichen.

Aggressive Vorbilder vermeiden

Vielleicht denken Sie nun: Na ja, eine Ohrfeige steckt ein Kind schon weg. In der Beratung von Familien taucht aber immer wieder auf, dass genau diese Erfahrungen und die darin stattfindenden Verknüpfungen eine künftige Neigung zu verdeckter oder offener Gewalt begünstigen können. Das Kind erlebt Vater oder Mutter als so etwas wie ein aggressives Vorbild, und sich selbst erlebt es zunehmend mit mangelndem Selbstwertgefühl und fehlender Selbstwirksamkeit.

Von Aggressionen spricht man immer dann, wenn Handlungen mit dem Ziel eingesetzt werden, jemanden körperlich oder seelisch zu verletzen oder zu schädigen. Was dabei noch als angemessen und tolerierbar gilt, formuliert jede Gesellschaft für sich. In allen Kulturen scheint es jedoch auch einheitliche Auffassungen über die Grenzen von Gewalt zu geben. Es ist die Aufgabe von Erziehung, die Heranwachsenden mit diesen Regeln vertraut zu machen.

Tipps für eine konstruktive Streitkultur in der Familie

- Versuchen Sie bei Konflikten immer mehrere Lösungen zu finden.

- Zeigen Sie Ihrem Kind, dass es Anteil am Geschehen hat und nicht ausgeliefert ist.

- Bringen Sie Ihrem Kind bei, bei einem Streit auch »in die Schuhe des anderen zu schlüpfen«, damit es weiß, wie sich der Konflikt für den anderen anfühlt.

- Leben Sie ein konstruktives Streitverhalten vor.

- Zeigen Sie Ihrem Kind, wie man die Ursachen für Wut und Zorn erkennt,

- wie man diese Gefühle verbal artikuliert und

- wie man sich entschuldigt, wenn man jemand anderen oder dessen Gefühle verletzt hat.

Jedes Verhalten hat Konsequenzen

Bereits acht Monate alte Kleinkinder schlagen Mama oder Papa ins Gesicht – nicht aus Bösartigkeit, sondern weil sie ihre Handlungsmöglichkeiten ausprobieren möchten. Mit zwei bis drei Jahren hauen Kinder anderen Kindern mit einem Stock auf den Kopf, um zu sehen, was passiert. Auch dies ist nicht der Ausdruck des Bösen im Menschen, sondern kindlicher Forscherdrang. Dennoch ist es dann an der Zeit, ein Kind auf die Folgen seines Verhaltens hinzuweisen: durch natürliche und durch sozial festgelegte Konsequenzen.

In der »Struwwelpeter«-Geschichte vom bösen Friederich lautet die Konsequenz: Andere können zurückbeißen. So wie es den anderen wehtut, wenn du sie verletzt, tut es auch dir weh. Und: Wer sich nicht an die Regeln hält, kann von gemeinsamen Aktivitäten ausgeschlossen werden.

Wenn Sie Konsequenzen für ein bestimmtes Verhalten Ihres Kindes als angemessen betrachten, so sollten sich diese Konsequenzen immer auf die jeweilige Handlung beziehen. Wenn Ihr Kind im Streit ausfällig wird und Sie schicken es daraufhin wortlos ins Bett, ist diese Maßnahme für das Kind nicht einsichtig. Sie wirkt vielleicht kurzfristig, weil das Kind erschrocken ist, führt jedoch zu keiner Handlungseinsicht oder zu neuen Handlungsalternativen. Machen Sie deshalb Ihrem Kind klar, dass es eine Grenze verletzt hat, und zwar Ihre. Fordern Sie ein Gespräch über das Verhalten, eine Entschuldigung – aber brechen Sie den Kontakt nicht durch bloßes Wegschicken ab.

Auf Aggressionen angemessen reagieren

Was können Sie als Eltern tun, wenn Ihr Kind versucht, nach Ihnen zu schlagen? Ein noch sehr kleines Kind halten Sie am besten unter klarem Blickkontakt und mit dem nötigen Nachdruck am Handgelenk fest und sagen: »Das tut mir weh! Es ist schöner, wenn du mich mit der Hand streichelst, schau, so.« Bei einem älteren und schon verständigeren Kind können Sie sagen: »So etwas tut mir weh, und es tut auch allen anderen weh, wenn man sie schlägt, auch dir. Ich möchte nicht, dass du das machst. Du kannst dir überlegen, ob du weiterschlagen möchtest. Aber vergiss nicht. Auch ich bin stark und kann mich wehren.«

Zum einen wird durch Ihre Reaktion der Wille des Kindes nicht durch sofortige Bestrafung gebrochen, sondern es werden ihm natürliche Konsequenzen angedeutet. Das Kind hat die Möglichkeit, sich verschiedene Folgen seines Handelns vorzustellen, und es hat zugleich die Möglichkeit, auch an verschiedene positive Konsequenzen für ein anderes Verhalten zu denken. Ihm bleibt zwar nur eine begrenzte Möglichkeit, sich zu entscheiden, aber dies ist der Rahmen des sozial Tolerierbaren. Und zum anderen wird das Kind durch Ihre Reaktion nicht als Person herabgesetzt und verunsichert.

Konsequenzen müssen nachvollziehbar sein

Sätze wie »Weil du böse bist …«, »Weil du mir wieder Kummer bereitest …« oder »So wirst du nie ein liebes Kind werden …« sind nicht hilfreich. Formulieren Sie Ihren Ärger oder Ihre Enttäuschung immer in einer Ich-Botschaft, zum Beispiel: »Mein Arm tut weh, wenn du so fest greifst.« – »Ich möchte nicht auf diese Weise mit dir streiten!« – »Ich wünsche mir, dass wir uns beide wieder beruhigen. Willst du das auch?« – »Ich bin nicht gerne hier mit dir zusammen, wenn wir so miteinander umgehen.« – »Mir wäre es lieber, wir würden uns wieder versöhnen.«

Ich-Botschaften übermitteln Ihr Gefühl, das Sie in einer Situation haben, ohne dass sich das Kind beschuldigt oder als Opfer fühlt. Auf diese Weise ist ein Austausch möglich, und Ihr Kind lernt dabei, dass es ein Teil der Familie und somit auch Teil der Gesellschaft ist. Es ist nicht allein auf der Welt. Es muss seinen Standpunkt finden und ihn mit anderen Standpunkten abgleichen. Kinder haben ein Anrecht, die Grenzen, die die Gesellschaft für angemessen hält, bereits in ihrer familiären Gemeinschaft kennenzulernen. Es ist viel schmerzhafter für ein Kind, wenn eine »Ausgrenzung« erst im Kindergarten oder in der Schule passiert.

Mit Konflikten umgehen lernen

Der Umgang mit Aggression und Gewalt ist ein lebenslanger Prozess, denn immer wieder geraten wir in Situationen, die uns wütend machen oder zum Ausrasten bringen. Sie können Ihr Kind davor nicht behüten. Aber Sie können ihm bereits früh aufzeigen, auch diese dunklen Gefühle ernst zu nehmen und nach positiven Handlungsalternativen zu suchen.

Leben Sie Ihrem Kind angemessenes Verhalten vor

Ihr Kind hat das Recht, von Ihnen zu lernen, wie man auf dieser Welt bestehen kann. Lassen Sie Ihr Kind auch in diesem Punkt nicht allein. Schieben Sie die Verantwortung nicht einfach weiter. Verantwortung übernehmen heißt nicht, dass man für alles, was passiert, auch verantwortlich ist. Verantwortung übernehmen bedeutet, dem Kind zu signalisieren: Ich bin für dich da und werde dich so gut ich kann unterstützen. Wir werden ge-

meinsam Fehler machen, und wir wollen versuchen, aus diesen
Fehlern zu lernen.

Sorgen Sie rechtzeitig für Helfer, wenn Sie sich als Eltern
überfordert fühlen: Das können Nachbarn sein oder Freunde,
Selbsthilfegruppen oder Fachleute.

Fördern Sie das Selbstwertgefühl Ihres Kindes

Ein Kind entwickelt am ehesten Selbstvertrauen, wenn man ihm
etwas zutraut. Ermuntern Sie Ihr Kind, indem Sie seine Fort-
schritte bei der zunehmenden Kontrolle seiner Umwelt kom-
mentieren. Gestehen Sie Ihrem Kind Fehler als Lerngelegen-
heiten zu, und bringen Sie ihm bei, das, was es gut gemacht hat,
zu erkennen und zu beschreiben. Bieten Sie ihm Wahlmöglichkeiten an, und ermuntern Sie es, selbstständige Entscheidungen
zu treffen.

Unterstützen Sie Ihr Kind darin, sich als wertvoll zu erleben, indem Sie ihm aufmerksam zuhören, es um Vorschläge bitten und diese ernst nehmen. Trauen Sie Ihrem Kind zu, im Rahmen seiner Möglichkeiten für sich selbst verantwortlich zu sein.
Erkennen Sie alle Gefühle Ihres Kindes an, also auch Zorn, Ei-
fersucht und Neid, und helfen Sie ihm dabei, mit diesen Gefühlen umzugehen.

Denken Sie daran, dass Ihr Kind auch soziales Verhalten erst erlernen muss

Die Fähigkeit zur Einsicht in moralische und soziale Sachver-
halte wächst langsam mit der geistigen Reife. Kinder können sich
erst im Laufe ihrer Entwicklung in die Gedanken und Gefühle
anderer hineinversetzen. Mit etwa drei Jahren wissen Kinder
bereits, was Eltern gut oder schlecht finden. Aber sie verstehen
noch nicht, warum sie nicht unartig sein sollen. Erst mit Beginn

der Schulzeit unterscheiden sie zwischen versehentlichem und absichtlichem Verhalten, erst später verstehen sie, was Gerechtigkeit oder Fairness bedeutet.

➤ Formulieren Sie gemeinsam mit Ihrem Kind Regeln für das Zusammenleben und für die Kommunikation innerhalb der Familie. Erinnern Sie immer wieder an diese Regeln, und helfen Sie Ihrem Kind, diese Regeln einzuhalten. Manchmal gelingt dies, manchmal nicht. Wenn Ihr Kind eine Regel verletzt oder missachtet, dann seien Sie ihm gegenüber mindestens so tolerant, wie Sie es gegen sich selbst sind, wenn Sie – ganz allein – elementare Anstandsregeln verletzen.

Versuchen Sie zu verstehen, was Ihr Kind mit seinem Verhalten erreichen will

Hinter »aggressivem« Verhalten können verschiedene Beweggründe stehen: Drohen, Erkämpfen von Besitz, Verteidigen von Besitz, Aufmerksamkeit erregen, einen anderen für eine aggressive Tat bestrafen oder auch »einfach so« – aus purer Lust an der Handlung – verletzend werden. Versuchen Sie nachzuvollziehen, was Ihr Kind mit dem aggressiven Verhalten erreichen will, und überlegen Sie, ob Sie andere Handlungen vorschlagen können, die weniger schädlich sind und konstruktiv zum Ziel führen. Denken Sie immer daran, dass Ihr Kind nicht bösartig ist, sondern im Moment keine konstruktiveren Möglichkeiten sieht, seine Ziele zu erreichen.

Häufig sind Aggressionen auch nur ein Schrei nach Anerkennung oder Liebe. Wenn Ihr Kind zunehmend lernt, sich diese
Liebe selbst zu geben, wird es als Erwachsener Frustrationen
und Ärger leichter ertragen können.

Bleiben Sie bei Regeln konsequent

Es ist wenig hilfreich, wenn Sie Ihrem Kind fast alles durchge-
hen lassen, dann aber bald mit Ihren Nerven am Ende sind und
gereizt oder wütend reagieren. Denken Sie daran, dass Ihr Kind
auch fürs spätere Leben Regeln lernen muss, um für soziale Aus-
einandersetzungen gerüstet zu sein. Wenn Sie zu Hause Ausnah-
men machen, dann sollten Sie für sich und für Ihr Kind begrün-
den, warum dies eine Ausnahme ist.

Leben Sie vor, wie man mit eigenem Fehlverhalten angemessen umgeht

Manchmal reißt Eltern trotz bester Absichten der Geduldsfaden
mit ihren Kindern, und sie gehen in die Luft. Lassen Sie dann
erkennen, wie erschrocken Sie über Ihr Verhalten sind und dass
Sie einen Fehler gemacht haben. Entschuldigen Sie sich gegebe-
nenfalls, und erklären Sie, warum es Ihnen schwergefallen ist,
ruhig zu bleiben. Zeigen Sie Ihrem Kind auch, dass Sie sich beim
nächsten Mal bemühen werden, es besser zu machen. Nicht die
perfekten und unfehlbaren Modelle werden am ehesten nach-
geahmt, sondern diejenigen, bei denen erkennbar ist, dass und
wie Sie sich um eine positive Lösung bemühen.

Die gar traurige Geschichte mit dem Feuerzeug

Oder:
Von Neugier und Eigensinn

Paulinchen war allein zu Haus,
Die Eltern waren beide aus.
Als sie nun durch das Zimmer sprang
Mit leichtem Mut und Sing und Sang,
Da sah sie plötzlich vor sich stehn
Ein Feuerzeug, nett anzusehn.
»Ei« sprach sie, »ei, wie schön und fein!
Das muß ein trefflich Spielzeug sein.
Ich zünde mir ein Hölzlein an,
Wie's oft die Mutter hat getan.«

Und Minz und Maunz,
   die Katzen,
Erheben ihre Tatzen.
Sie drohen mit den Pfoten:
»Der Vater hat's verboten!«
Miau! Mio! Miau! Mio!
Laß stehn! Sonst brennst du
   lichterloh!«

Paulinchen hört die Katzen nicht!
Das Hölzchen brennt gar hell und licht,
Das flackert lustig, knistert laut,
Grad wie ihr's auf dem Bilde schaut.
Paulinchen aber freut sich sehr
Und sprang im Zimmer hin und her.

Und Minz und Maunz, die Katzen,
Erheben ihre Tatzen.
Sie drohen mit den Pfoten:
»Die Mutter hat's verboten!
Miau! Mio! Miau! Mio!
Wirf's weg! Sonst brennst Du lichterloh!«

Doch weh! Die Flamme faßt das Kleid,
Die Schürze brennt; es leuchtet weit.
Es brennt die Hand, es brennt das Haar,
Es brennt das ganze Kind sogar.

Und Minz und Maunz, die schreien
Gar jämmerlich zu zweien:
»Herbei! Herbei! Wer hilft geschwind?
Im Feuer steht das ganze Kind!
Miau! Mio! Miau! Mio!
Zu Hilf! Das Kind brennt lichterloh!«

Verbrannt ist alles ganz und gar,
Das arme Kind mit Haut und Haar;
Ein Häuflein Asche blieb allein,
Und beide Schuh, so hübsch und fein.

Und Minz und Maunz, die Kleinen,
Die sitzen da und weinen:
»Miau! Mio! Miau! Mio!
Wo sind die armen Eltern? Wo?«
Und ihre Tränen fließen
Wie's Bächlein auf den Wiesen.

Worum es in dieser Geschichte geht

Ein Mädchen, das allein zu Hause ist, will endlich einmal ausprobieren, ein Streichholz anzuzünden. Seine Neugier und der
kindliche Forscherdrang sind stärker als das Verbot der Eltern,
nicht mit Feuer zu spielen. Da das Kind den Umgang mit Feuer
nicht gelernt hat, wird ihm dies zum Verhängnis.

Was diese Geschichte Eltern heute sagen kann

- Wie Kinder ihre Umwelt erfahren und erforschen.

- Wie Eltern den Drang ihres Kindes nach Eigenständigkeit
  unterstützen und es zugleich vor Gefahren schützen.

- Warum Verbote wenig nützen und welche Alternativen zu
  Verboten es gibt.

- Wie man Kinder darin fördert, Herausforderungen zu meistern.

Kinder probieren sich aus

Paulinchen war ein munteres und fröhliches Kind. Ein Kind, das
seine Umgebung neugierig erkunden und sich selbst und neues
Verhalten ausprobieren wollte. So wie das alle Kinder machen –
damals und heute.

Kinder sind wissbegierig und wollen so schnell wie möglich »wie die Großen« werden. Ganz klar, dass das Spiel mit
dem Feuer dazugehört, denn die Eltern nehmen ja auch Streichhölzer in die Hand. Nur können sie mit dem Feuer umgehen –
Kinder noch nicht. Deshalb müssen die Erwachsenen ihnen den
richtigen Umgang damit zeigen. Kinder schauen sich das Verhalten der Erwachsenen ab. Von der Natur ist dies so gewollt, denn
Kinder müssen eigenständig werden, damit sie später ohne uns
Erwachsene (über)leben können.

Kindlicher Eigensinn und drohende Gefahren

Zu »Eigen-Ständigkeit« gehört »Eigen-Sinn«. Finden Sie, dass
Ihr Kind eigensinnig ist? Setzt es sich über Warnungen und Verbote hinweg und erkundet und erprobt auf eigene Faust seine
Welt? Wenn Sie diese Frage mit »Ja« beantworten können, dann
freuen Sie sich darüber. Es gibt nichts Gesünderes, als »Eigen-
Sinn« zu haben – das gilt für Erwachsene wie für Kinder. Denn
es bedeutet: Ich habe eine Zielrichtung, ich verlasse mich auf
mich, ich weiß, was für mich gut ist, und ich kenne mich in
meinem Leben aus.

Im Gegensatz zu Erwachsenen ist diese Einstellung bei
Kindern in vielen Fällen natürlich Selbstüberschätzung. Nun
gibt es genügend ungefährliche Gelegenheiten, bei denen ein
Kind seine Fähigkeiten und die Konsequenzen seines Handelns
ausprobieren kann. Zum Beispiel im Sandkasten oder auf der

Hüpfburg. Daneben gibt es aber auch ziemlich riskante Herausforderungen: den Messerklotz, Vaters Rasierapparat, den Rasenmäher oder Steckdosen.

In einem modernen Haushalt finden sich viele Geräte und Gegenstände, die einem Kind gefährlich werden können, wenn es den richtigen Umgang damit nicht kennt. Von anderen Dingen mag zwar keine Gefahr für das Kind ausgehen, doch wenn etwas damit passiert, ist es auch eine Katastrophe, beispielsweise was den Computer mit den wichtigen Dateien oder die Digitalkamera mit der Speicherkarte voller schöner Urlaubsfotos betrifft.

Jonathan, sechs Jahre alt, interessiert sich für alles, was vier Räder hat. Bagger, Traktoren, Laster und vor allem Autos. Auch sein Vater hegt eine große Leidenschaft für schöne Wagen. Er ist stolz auf seinen Sohn und freut sich, dass er so wird wie er. Er erklärt Jonathan die Schalter und Hebel des Familienautos, zeigt ihm, was mit dem Zündschlüssel passiert, wie Handbremse, Scheibenwischer und Kupplung funktionieren. Beide waren auch schon im Automobilmuseum. Jonathan erlebt sich in Sachen Auto bereits als sehr kompetent und will später Automechaniker werden.

Als sein Vater mit ihm eines Tages in die Stadt fahren will, hat Jonathan seinen Schal vergessen. Und während der Vater aus dem Auto springt und ins Haus zurückläuft, nutzt Jonathan die Gelegenheit, klettert vom Kindersitz hinters Steuerrad und spielt Autofahren. Er löst die Handbremse und will gerade den Zündschlüssel umdrehen, da kommt sein Vater zum Glück rechtzeitig wieder zurück. Natürlich schimpft der Vater, aber Jonathan kann nicht verstehen, wieso er sich so aufregt. Er geht davon aus, dass er das Auto beherrscht hätte.

Herausforderungen meistern

»Ich kann das allein!« Diesen Satz kennen alle Eltern. Kinder wollen so früh wie möglich alles allein machen. Ein Kind befindet sich aber in der menschlichen Entwicklung auf einer Stufe, wo es noch nicht allein entscheiden kann, was nützlich und was bedrohlich ist, weil ihm die Vorerfahrungen fehlen.

Kinder brauchen Eltern, damit sie mit neuen Herausforderungen angemessen umgehen können. Indem sie das kopieren, was sie bei den Erwachsenen sehen, erleben sie sich selbst als »erwachsen« und kompetent.

Kinder allein zu Haus

Berufliche Belastungen der Eltern, ungenügende Betreuungsangebote, Arbeitslosigkeit, familiäre Probleme und vieles andere mehr erschweren es vielen Eltern von heute, eine natürliche Fürsorge-Balance zu finden. Viele Kinder sind den ganzen Tag auf sich alleine angewiesen.

Nicht alle Kinder sind darüber traurig, denn sie erleben das Alleinsein als ein *Nicht-beaufsichtigt-Sein*. Es macht ihnen einen Heidenspaß, allein zu Hause zu sein, weil sie dann so vieles ausprobieren können. Abgesehen davon, dass es nur schwer vermeidbar ist, ist es auch höchst sinnvoll, ein Kind ab und zu sich selbst zu überlassen. Kinder sollen Sicherheit gewinnen. Und dazu gehört auch, dass Sie Ihrem Kind dann und wann die Gelegenheit geben, sich allein in der Welt »der Großen« zu bewegen, und dem Kind das Gefühl zu geben, dass Sie ihm das auch zutrauen.

➤ Unterstützen Sie Ihr Kind in seinem Drang zur Eigenständigkeit. Nehmen Sie ihm nicht das Messer aus der Hand, sondern sagen Sie: »Wir wollen zusammen üben, wie man mit einem Messer schneidet!« Die Regel für diese Übung sollte ganz klar sein: »Wenn du wieder üben willst, mit dem Messer zu schneiden, dann rufst du mich. Wir üben so lange zusammen, bis du es allein – ohne mich – kannst.«

Warum Verbote selten wirken

Eltern können nicht nur ermutigen, manchmal fühlen sie sich auch genötigt, Verbote auszusprechen. Eltern versuchen ihre Kinder durch Verbote zu schützen. Sie malen dabei oft Schreckensbilder an die Wand. Verbote wirken aber nicht. Denn der Mensch denkt und lernt in Bildern. Das liegt daran, dass unser Unterbewusstsein über Bilder funktioniert.

Verbote wie »Steck die Schere nicht in die Steckdose!« kann das Unterbewusstsein nur schwer verarbeiten, weil es nicht negativ – das wäre ein »Nicht-Bild« – »denken« kann. Es überhört das »nicht« einfach. Und siehe da, vorbewusst entsteht ein neuer Satz: »Steck die Schere in die Steckdose!« Das heißt, wir konzentrieren uns auf eine Situation und fühlen uns direkt aufgefordert. Selbst dann, wenn das Bild eine Verneinung enthält.

Nun erst recht, scheint das Kind dann zu denken und probiert genau das aus, was wir gerade verboten haben. Machen Sie selber den Test: Denken Sie nicht an eine Zitrone! Was passiert? Der Speichelfluss setzt ein, weil Sie an eine Zitrone gedacht haben.

Martin ist mit seiner Mutter in der Apotheke, um Hustensaft zu kaufen. Die Schlange ist lang, und die Mutter spricht mit anderen Müttern darüber, welcher Saft am besten wirkt. Im Regal auf Augenhöhe von Martin sind verschiedene Tees und Bonbonsorten aufgereiht. Er beginnt diese nun nach Farben und Formen zu sortieren. »Fass das nicht an!«, sagt seine Mutter und wendet sich dann wieder der Apothekerin zu. Martin zeigt sich unbeeindruckt. »Du sollst das nicht anfassen!«, sagt die Mutter etwas lauter und zerrt an seiner Hand. Martin macht sich frei und beginnt erneut mit den Packungen zu spielen. Auch sein Vater sortiert doch schließlich oft im Büro. Martin kann das auch. Am Ende des Apothekenbesuchs hat dieses Regal ein neues »Verkaufsgesicht«. Die Mutter ist sauer, Martin stolz.

Die Erfahrung zeigt außerdem, dass oft genau das passiert, was ein Verbot verhindern soll. Verbote scheinen häufig wie selbsterfüllende Prophezeiungen zu wirken: »Pass auf, dass du nicht die Treppe herunterfällst!« – Schon verliert das Kind den Halt. »Pass auf, dass du deine Cola nicht umstößt!« – Schon ergießt sich die braune Brühe über den Tisch.

Eine Lehrerin will ihr Klassenzimmer mit Fotos gestalten und verteilt zu diesem Zweck Klebe-Kitt. Die Kinder sollen mit diesen kleinen, gelben Klebeteilen ihre Bilder an die Wand heften. Um ihrer Sorgfaltspflicht gerecht zu werden, weist die Lehrerin ihre Schüler darauf hin, dass diese Klebeteilchen zwar wie Kaugummi aussehen, aber kein Kaugummi sind. Eindringlich und mehrfach warnt sie die Kinder, die Teile nicht in den Mund zu stecken und anderen nicht in die Haare zu kleben. Die Experimentierfreude der Schüler hinsichtlich des neuen Kaugummis ist daraufhin scheinbar grenzenlos inspiriert.

Sinnvoll und spielerisch begleiten statt Verbote aussprechen

Statt Verbote auszusprechen, ist es besser, mit dem Kind gemeinsam auszuprobieren, wie man mit etwas richtig umgeht. Ausprobieren ist für die kindliche Entwicklung unabdingbar. Die Aufgabe der Eltern ist es, Kinder auf diesem Weg sinnvoll zu begleiten. »Sinnvoll begleiten« kann bedeuten, den Radius manchmal weiter zu ziehen und manchmal enger. Je nachdem, wie gefährlich eine Situation erscheint.

»Spielerisch begleiten« bedeutet, sich mit dem Kind gemeinsam an eine Sache heranzutasten, auch als Erwachsener kreativ vorzugehen und dem Kind dabei Staunen und Begeisterung zu vermitteln. Wenn Sie Ihr Kind sinnvoll und spielerisch in seiner Entwicklung begleiten, nehmen Sie weder die Rolle des Experten ein, der es besserwisserisch vormacht, noch lassen Sie Ihr Kind »gegen die Wand laufen«.

Verbote durch gemeinsames Planen und Üben ersetzen

Was auch immer Ihr Kind lernen soll, üben Sie es gemeinsam mit ihm, in kleinen Schritten, nach und nach. Es gibt eine andere Art vorgelebter Autorität und Disziplin als durch Verbote, nämlich indem man selbst ein gutes Modell für sorgfältiges Planen und überlegtes Abwägen, aber auch ein Vorbild für Engagement und spontane Erfolgsfreude wird.

Wenn Sie selbst mit einer schwierigen Arbeit beschäftigt sind, dann denken Sie doch hin und wieder einmal »laut«. Ihr Kind kann auf diese Weise miterleben, wie Sie planen und wie Sie Konsequenzen und Alternativen abwägen. Es kann Sie beobachten und lernen, dass man die nächsten Schritte einer Herausforderung durch lautes Nachdenken unterstützen und besser kontrollieren kann.

Zum Beispiel: »Jetzt brauche ich Streichhölzer. Da muss ich aber aufpassen, dass beim Anzünden kein Papier in der Nähe ist. Und jetzt, vorsichtig, hier anfassen, nicht zu dicht am Streichholzkopf, sonst verbrenne ich mir die Finger. Kräftig reiben und dabei das Streichholz gut festhalten. So, jetzt brennt es, und jetzt schnell, bevor das Zündholz ganz heruntergebrannt ist, die Kerze anzünden. Schnell auspusten, sonst wird es an den Fingern zu heiß …«

Wenn Kinder bei Handgriffen wie einen Faden einfädeln oder bei der Lösung von Rechenaufgaben laut denken, dann verinnerlichen sie dieses »äußere« Sprechen zunehmend und bewältigen die Aufgabe später leise für sich. Wird es dann wieder schwierig, erinnern sie sich vielleicht an diese Strategie und begleiten ihre Handlungen dann mit Worten oder mit einem inneren Dialog.

Erziehung zur Eigenständigkeit

In der Entwicklung von Kindern kann man häufig beobachten, dass das unbändige Streben, Neues kennenzulernen und sich als kompetent zu erfahren, langsam zugunsten einer spezielleren Interessenorientierung nachlässt. Die Kinder spezialisieren sich zunehmend. Wenn diese Interessen nicht mit den Zielen und Lehrplänen der Schule übereinstimmen, wird diese Entwicklung von den Lehrerinnen und Lehrern oft negativ bewertet und deshalb ausgebremst.

Eltern können jedoch gewisse Rahmenbedingungen schaffen, in denen die kindliche Neugier und der Wunsch des Kindes nach eigenständigem Handeln gestärkt und aufrechterhalten werden können.

Fördern Sie die Autonomie Ihres Kindes

Kinder müssen sich irgendwann allein in der Welt bewegen. In dieser Welt lauern Gefahren ganz unterschiedlicher Art. Es geht nicht darum, Gefahren zu meiden, sondern mit ihnen passend umzugehen. Indem Sie sich das bewusst machen, können Sie Ihr Kind mehr und mehr zur Autonomie erziehen. Lassen Sie Ihr Kind zunehmend erfahren, was es bereits alles allein und selbstständig kann. Dann wird es auch ein Bewusstsein dafür entwickeln, was es nicht kann, und muss niemandem seine vermeintlichen Fähigkeiten beweisen.

Stärken Sie die Kompetenz Ihres Kindes

Geben Sie Ihrem Kind Gelegenheit, sich zu erproben und sich als erfolgreich wahrzunehmen und diese Erfolge auch wertzuschätzen. Thematisieren Sie positive Verhaltensmöglichkeiten, und malen Sie nicht mögliche Gefahren an die Wand, wodurch Sie vielleicht Ängste wecken. Wir sind davon überzeugt, dass bislang kein Kind über »Die gar traurige Geschichte mit dem Feuerzeug« den erfolgreichen Umgang mit Streichhölzern und Feuer gelernt hat.

Zeigen Sie Präsenz, und geben Sie Unterstützung

Es ist für ein Kind ungemein wichtig, dass es in seiner Experimentierfreude von den Erwachsenen unterstützt wird und dass die Eltern Fehler, deren Tragweite das Kind noch nicht überblicken kann, abfedern. Wenn sich Ihr Kind durch Ihre Präsenz sicher fühlt und Sie seinen Forschungsdrang ermutigend und vertrauensvoll begleiten, traut es sich mehr zu und übernimmt dieses Vertrauen in sein Selbstbild. Dazu gehört natürlich auch, dass Sie mit Ihrem Kind über mögliche Gefahren sprechen.

Die Geschichte von den schwarzen Buben

Oder:

Von Toleranz und Respekt

Es ging spazieren vor dem Tor
Ein kohlpechrabenschwarzer Mohr.
Die Sonne schien ihm aufs Gehirn,
Da nahm er seinen Sonnenschirm.

Da kam der Ludwig hergerannt,
Und trug sein Fähnchen in der Hand.

Der Kaspar kam mit schnellem Schritt
Und brachte seine Brezel mit.

Und auch der Wilhelm
war nicht steif
Und brachte seinen
runden Reif.

Die schrien und lachten alle drei,
Als dort das Mohrchen ging vorbei,
Weil es so schwarz wie Tinte sei!

Da kam der große Nikolas
Mit seinem großen Tintenfaß.
Der sprach: »Ihr Kinder, hört mir zu
Und laßt den Mohren hübsch in Ruh!
Was kann denn dieser Mohr dafür,
Daß er so weiß nicht ist, wie ihr?«

Die Buben aber folgten nicht
Und lachten ihm ins Angesicht
Und lachten ärger als zuvor
Über den armen schwarzen Mohr.

Der Niklas wurde bös und wild,
Du siehst es hier auf diesem Bild!
Er packte gleich die Buben fest
Beim Arm, beim Kopf, bei Rock und
    West.

Den Wilhelm und den Ludewig,
Den Kaspar auch, der wehrte sich.
Er tunkt sie in die Tinte tief,
Wie auch der Kaspar »Feuer« rief.
Bis übern Kopf ins Tintenfaß
Tunkt sie der große Nikolas.

Du siehst sie hier, wie schwarz sie sind,
Viel schwärzer als das Mohrenkind!
Der Mohr voraus im Sonnenschein,
Die Tintenbuben hintendrein.

Und hätten sie nicht so gelacht,
Hätt Niklas sie nicht schwarz gemacht.

Worum es in dieser Geschichte geht

Ein Junge, der wegen seiner dunklen Hautfarbe anders aussieht als die anderen Kinder, wird von ihnen gemieden und verspottet. Damit das Treiben ein Ende hat, muss erst ein Erwachsener hinzukommen und den Kindern die Lehre erteilen, was es heißt, ausgegrenzt zu werden.

Was diese Geschichte Eltern heute sagen kann

- *Wie Vorurteile und die Angst vor dem Fremden entstehen.*

- *Wie Kinder die Angst vor dem Fremden verlieren.*

- *Welche Chancen das Leben mit anderen Kulturen bietet.*

- *Wie man Kinder Toleranz und Respekt gegenüber allen Menschen lehrt.*

Eine multikulturelle Gesellschaft

Etwa ein Drittel aller Kinder in unserem Land sind Migranten oder haben Familienwurzeln in einem anderen Kulturkreis. Es herrscht »Vielfalt«, nicht nur in Kindergärten und Schulen, auch im Alltag auf der Straße und in vielen Unternehmen. Man spricht Englisch, obwohl man in Berlin arbeitet, und die Kollegen kommen aus Frankreich, China oder den USA. Englisch genügt heute nicht mehr als Fremdsprache, längst werden Französisch, Spanisch und neuerdings auch Russisch im Stellen-Profil verlangt.

Kinder, die im Kontakt mit anderen Kulturen aufwachsen, haben gute Chancen, viel für sich und ihr Leben zu lernen. Wir wollen hier nicht von sozialen Brennpunkten sprechen, wo in Schulklassen mit Kindern aus den unterschiedlichsten Kulturkreisen mit vielleicht mangelnden Sprachkenntnissen große Probleme herrschen, was das Lernen angeht. Auch unter »Normalbedingungen« ist der Umgang mit dem Fremden bereits eine Herausforderung. Diese Herausforderung kann als interessant oder lästig empfunden werden. Wenn Menschen etwas als Last erleben oder gar als »Belästigung«, dann verschließen sie sich.

→ Zu Verständigungsschwierigkeiten kommt es im Alltag auch ohne interkulturelle Komplikationen. Sicherlich kennen Sie diese Situation aus Ihrem Erziehungsalltag: Sie möchten Ihrem Kind etwas nahebringen, aber es verschränkt die Arme, schüttelt mit dem Kopf und will nichts mehr hören und sehen. Dabei besitzen Sie gemeinsame kulturelle Wurzeln und eine gemeinsame Sprache. Trotzdem klappt es bei Ihnen in diesem Moment nicht mit der Kommunikation.

Die Angst vor dem Fremden

Was früher die »Brillenschlange« oder der »Fettsack« war, das ist heute mancherorts der »Kümmel« oder der »Spagallo«. In beiden Fällen – früher wie heute – dient die Etikettierung dazu, jemand anderen abzuwerten und sich selber dabei gleichzeitig aufzuwerten. Das Urteil lautet: Du bist anders, und deshalb mag ich dich nicht. Es ist ein Urteil, das gefällt wird, ohne den anderen zu kennen. Deshalb ist es ein Vorurteil. Denn um sich für oder gegen einen Menschen entscheiden zu können, ist es nötig, ihm neugierig und offen zu begegnen.

Vorurteile als Schutzmechanismus

Vorurteile kommen immer dann ans Tageslicht, wenn wir uns einer Situation nicht gewachsen fühlen. Das Ohren- und Augenverschließen, das »Dichtmachen«, ist für Kinder (und Erwachsene) eine Art Schutzmechanismus vor Überforderung. Es handelt sich dabei um eine – wenn auch nicht die hilfreichste – Art, mit Angst oder Unsicherheit umzugehen. Das, was anders ist, das Fremde, ist ja auch immer ein wenig »befremdlich«, und vielleicht lässt sich die ungewohnte Situation besser bewältigen, wenn man so tut, als ob man etwas nicht bemerkt oder auch, als ob man über das Fremde »Bescheid weiß«. Das Gefühl der Angst ist zunächst hilfreich, weil es einen davor bewahrt, sofort etwas Unbedachtes und vielleicht Gefährliches zu tun. Schließlich weiß man nie … Und darüber hinaus ist es auch ein Zeichen von Respekt vor einem anderen Menschen, wenn man zunächst einmal Abstand wahrt.

Die beste Waffe gegen Vorurteile:
ein starkes Selbstwertgefühl

Man muss nicht alle Menschen lieben, aber man sollte jeden Menschen achten. So wie man selbst auch in seinem Besonderssein respektiert werden möchte. Wer die fremde Würde missachtet, kennt möglicherweise die eigene Würde nicht. Um Kinder Respekt vor anderen Menschen zu lehren und ihnen die Angst vor dem Fremden zu nehmen, ist es unabdingbar, ihnen ihre eigene Wertigkeit zu bestätigen und sie an die Freude an sich selbst heranzuführen.

Je mehr ein Kind (und generell ein Mensch) zu sich selbst stehen kann, je stärker sein Selbstwertgefühl ist, umso besser wird er damit leben können, dass nicht alle Mitmenschen so sind wie er. Dann ist es überhaupt nicht notwendig, die Welt permanent in Besser-Schlechter-Kategorien einzuteilen, und Unterschiedliches, ob Dinge oder Menschen, kann durchaus nebeneinanderstehen. Toleranz und Respekt sind dann eine Selbstverständlichkeit, über die gar nicht nachgedacht werden muss.

Je selbstsicherer ein Kind ist, desto offener kann es mit anderen Kulturen umgehen. Es fühlt sich dann nicht durch Menschen und Dinge, die fremd erscheinen, verunsichert und muss sich nicht verkrampft abgrenzen. Im Gegenteil: Es kann von der neuen Situation profitieren. Es geht neugierig darauf zu und fragt nach.

Die Freude am Anderssein entdecken

Erfahrungen mit anderen Kulturen können außerordentlich bereichernd sein. Kinder, die wissen, wie es sich anfühlt, *anders* zu sein, und die gelernt haben, mit verschiedenen Gebräuchen und Mentalitäten zu leben, besitzen eine gute Grundlage, um in unserer globalisierten Welt zurechtzukommen.

Jeder Mensch strebt danach, als etwas Besonderes gesehen und anerkannt zu werden. Wenn mein Gegenüber anders ist, wie bin dann ich? Über das Erkennen von Unterschieden und über das Ausprobieren von Neuem und Unbekanntem erkennt man auch Gemeinsamkeiten und kann so Entscheidungen treffen für eigene Werte und Normen. »Es ist normal, verschieden zu sein.« Unterschiede wahrnehmen und anerkennen macht Freude, erweitert den Horizont – und reduziert die Angst vor dem Fremden.

Pauline ist mit ihren Eltern von Paris nach Mannheim gezogen. In ihrer Kindergartengruppe sind noch viele weitere Kinder, die andere Wurzeln haben als deutsche. Die Kindergärtnerin nimmt Paulines Aufnahme zum Anlass, ein großes »internationales Frühstück« mit den Kindern zu veranstalten. Jedes Kind bringt etwas zu diesem Frühstück mit. Gemeinsam plaudern die Kinder mit ihrer Erzieherin von den verschiedenen Ländern und singen Lieder in den Landessprachen. An den Wänden des Raumes sind Fotos aus der jeweiligen Heimat der Kinder befestigt.

»Wir kommen alle von irgendwo, um uns hier zu treffen«, erklärt die Erzieherin. Sie betrachtet mit den Kindern den bunt gemischten Frühstückstisch und lässt die verschiedenen Nahrungsmittel von den Kindern in den unterschiedlichen Sprachen benennen.

Wie Sie Ihrem Kind Toleranz und Respekt beibringen

Manchmal kommt es zu Situationen (zum Beispiel auf dem Schulhof), in denen ein Kind sich dazu gezwungen fühlt, sich gegen das Fremde im anderen zu verteidigen. Es geht hier nicht darum, dass ein Kind bedroht wird, sondern um unterschiedliche Überzeugungen, die beide Kinder haben. Auch jetzt spielt die Selbstsicherheit eine große Rolle. Wer Unterschiede akzeptieren kann, weiß auch, wann er für die eigenen Überzeugungen einstehen muss. Und wie der eigene Standpunkt angemessen vertreten werden kann.

Oft ist es aber blinde Wut, die auf Schulhöfen ausgelebt wird. Die Kinder geraten aneinander, und es ist scheinbar das Kopftuch, die fremde Sprache, das andere Aussehen, das Aggressionen und Gewalt auslöst. Immer wieder ist es auch Cliquendruck, der Kinder dazu bringt, sich zusammenzurotten und andere Kinder anzugreifen. Meist dienen dann diese »anderen« als Zielscheibe der eigenen Unsicherheit und Hilflosigkeit.

Über Ängste reden

Finden Sie heraus, was genau Ihr Kind veranlasst, einem anderen Kind (zum Beispiel mit Migrationshintergrund) aggressiv zu begegnen. Die Frage »Warum tust du das?« hilft da oft nicht weiter, denn den meisten Kindern ist nicht bewusst, was sie dazu veranlasst, Wut auf andere Kinder zu entwickeln. Sie wissen noch nichts über innere Gründe für Vorurteile und darüber, dass Angst zunächst einmal ein Schutzmechanismus ist. Kinder nehmen die Angst als Aufforderung, wegzulaufen oder zuzuschlagen. Machen Sie Ihrem Kind deshalb klar, dass Angst immer auch ein Moment des Nachdenkens sein kann.

Vielfalt als Vielfarbigkeit erleben

»Vielfalt tut gut« ist das Motto vieler öffentlicher Veranstaltungen, in denen Kinder und Erwachsene verschiedener Kulturen lernen sollen, ihre gegenseitigen Vorurteile abzubauen. Das gelingt wohl am ehesten, wenn Eltern deutlich machen, dass Vielfalt auch Vielfarbigkeit ist und unserer natürlichen Neugierde entgegenkommt. Wenn Sie vorleben, dass das Entdecken von Unterschieden interessanter ist als das ständige Bestätigen von Bekanntem, lernen Kinder, statt in Schubladen zu denken und das Leben in Schwarzweiß zu sehen, wie viel mehr Spaß es macht, unsere gemeinsame Welt bunt zu malen.

Toleranz und Respekt in der Familie lernen

- Leben Sie ein offenes Haus, das von Toleranz und Mitmenschlichkeit geprägt ist.

- Durchleben Sie bewusst »fremde« Situationen, wenn Sie mit Ihrem Kind einen Urlaub im Ausland machen.

- Lassen Sie sich von Ihrem Kind erzählen, ob es ungerechte Behandlung in der Schule bemerkt, und überlegen Sie gemeinsam, wie man darauf am besten reagieren kann.

- Beratschlagen Sie in der Familie, wie man Menschen, die schlecht behandelt oder diskriminiert werden, unterstützen kann.

- Lernen Sie mit Ihrem Kind eine fremde Sprache, und besuchen Sie internationale Feste, damit es fremdländische Sitten und Gebräuche als etwas Interessantes statt als etwas Trennendes erlebt.

- Hören Sie Ihrem Kind zu, damit es lernen kann, dass bei einem Streit nicht nur der Mund, sondern auch die Ohren zum Einsatz kommen müssen.

- Erarbeiten Sie bei Konflikten immer mehrere Möglichkeiten, und zeigen Sie Ihrem Kind, dass es immer Alternativen gibt – sowohl was die Lebensgestaltung als auch was Problemlösungen angeht.

Die Geschichte vom wilden Jäger

Oder:

Von aufgesetzter und
von wahrer Stärke

Es zog der wilde Jägersmann
Sein grasgrün neues Röcklein an;
Nahm Ranzen, Pulverhorn und Flint,
Und lief hinaus ins Feld geschwind.

Er trug die Brille auf der Nas,
Und wollte schießen tot den Has.
Das Häschen sitzt im Blätterhaus
Und lacht den blinden Jäger aus.

Jetzt schien die Sonne gar zu sehr,
Da ward ihm sein Gewehr zu schwer.
Er legte sich ins grüne Gras;
Das alles sah der kleine Has.

Und als der Jäger schnarcht' und schlief,
Der Has ganz heimlich zu ihm lief
Und nahm die Flint und auch die Brill
Und schlich davon ganz leis und still.

Die Brille hat das Häschen jetzt
Sich selbst auf seine Nas gesetzt;
Und schießen will's aus dem Gewehr.
Der Jäger aber fürcht sich sehr.

Er läuft davon und springt und schreit:
»Zu Hilf, ihr Leut! Zu Hilf, ihr Leut!«

Da kommt der wilde Jägersmann
Zuletzt beim tiefen Brünnchen an.
Er springt hinein. Die Not war groß;
Es schießt der Has die Flinte los.

Des Jägers Frau am Fenster saß
Und trank aus ihrer Kaffeetass.
Die schoß das Häschen ganz entzwei;
Da rief die Frau: »O wei! O wei!«

Doch bei dem Brünnchen heimlich saß
Des Häschens Kind, der kleine Has.
Der hockte da im grünen Gras;
Dem floß der Kaffee auf die Nas.
Er schrie: »Wer hat mich da verbrannt?«
Und hielt den Löffel in der Hand.

Worum es in dieser Geschichte geht

Ein Jäger, der sich mit seinem Gewehr stark und als Autorität fühlt, büßt seine Autorität ein, als ihm seine Waffe von einem Hasen entwendet wird. Der vermeintlich Schwache hat eine Chance gegen den Starken, weil er schlau vorgeht. Wenn es darauf ankommt, sind es eben nicht Äußerlichkeiten, sondern die inneren Qualitäten, die im Leben zählen.

Was diese Geschichte Eltern heute sagen kann

- *Woran man wahre und aufgesetzte Stärke erkennt.*

- *Wie man einem Kind vermittelt, dass sich sein Wert nicht an Äußerlichkeiten messen lässt.*

- *Wie Eltern das Selbstwertgefühl ihres Kindes stärken.*

- *Warum Talente selbstbewusst machen.*

- *Wie Eltern die besonderen Fähigkeiten eines Kindes fördern.*

Künstliche und echte Autorität

Sicher sind Sie auch schon einmal auf Lehrer und Erzieher ge-
troffen, die ihre innere Autorität nicht daraus ableiten, ein nach-
ahmungswürdiges Vorbild und ein vertrauensvoller Ratgeber
und Helfer zu sein. Oftmals sind es unsichere Menschen, die äußere Hilfsmittel benötigen, um auf sich aufmerksam zu machen
und sich durchzusetzen, und die auf diese Weise eine künstliche
Autorität herstellen. Sie drohen (wie der Jäger mit der Flinte)
und tun so, als ob sie allein den Durchblick hätten (wie der
Jäger mit der Brille).

Kinder merken instinktiv, wenn ein Verhalten aufge-
setzt ist. Sie spüren, welche Anstrengung es für einen Menschen bedeutet, der glaubt, seine Macht und Autorität unter
Beweis stellen zu müssen. Diese gerunzelte Stirn, die steife Haltung, der unruhige Blick. Haben Sie als Kind solche Erwachsenen je ernst genommen? Wirkte solch ein aufgeblasenes Getue
auf Sie nicht irgendwie lächerlich?

Mangelnder Respekt und schlechtes Vorbild

Wenn Lehrer nicht aufgrund ihrer Persönlichkeit respektiert
werden, dann merkt man das auch schnell in den Schulpausen.
Kaum haben die »blinden« Autoritäten den Schülern den Rücken gedreht, machen diese eine lange Nase. Der Lehrer verlässt
den Raum, und die Kinder beginnen augenblicklich auf dem
Tisch zu tanzen und über die Bänke zu springen. Das Ausüben
von Druck und das vordergründige Ausspielen äußerer Autorität
führt bei Kindern außerdem oft zu Reaktionen, in denen sie genau diese Muster nachahmen. Sobald der Lehrer die Klasse verlassen hat, stellt sich ein Schüler auf das Pult und äfft ihn nach.

Innere Werte statt äußerer Symbole

Autorität hat mit der Persönlichkeit eines Menschen zu tun. Wirkliche Autoritäten wirken aus sich heraus. Sie nehmen sich Zeit zuzuhören, sind am anderen interessiert und bereit, mit ihm die inneren Stärken, die persönlichen Fähigkeiten und Talente zu entdecken – die eigenen und die des Gegenübers.

Wenn sich Erwachsene – Lehrer wie Eltern – und Kinder »auf gleicher Augenhöhe« begegnen, wenn dem Kind das Gefühl gegeben wird, dass man es mit allen seinen Belangen ernst nimmt, dann wird auch die Fähigkeit des Kindes gefördert, seinen eigenen Selbstwert zu spüren. Und dann muss es nichts vorspielen und vortäuschen. Mehr und mehr wird ihm bewusst, was es schon kann (seine Talente) und was noch gefördert werden kann (seine Talente). Diese Kinder fühlen sich aus sich heraus geliebt. Sie wissen, dass sie etwas wert sind. Sie brauchen ihren Wert nicht durch Markenklamotten und ähnliche äußerliche Symbole zu demonstrieren.

Paul ärgert sich jeden Tag über Moritz, der ständig mit neuen Modellautos und Gameboy-Spielen angibt. Moritz schart dann alle anderen Kinder um sich, und obgleich er gar nicht so beliebt ist, genießt er in diesen Momenten doch allergrößte Bewunderung und Aufmerksamkeit. Paul ist darauf neidisch. Er hat zwar Freunde, würde aber gerne stärker auffallen und gelegentlich auch im Mittelpunkt stehen. Als seine Mutter eines Tages den Schulranzen nach einem Heft durchsucht, findet sie einen Gameboy. Erst nach langen tränenreichen Gesprächen gesteht Paul, dass er den Gameboy Moritz gestohlen hat. Er wollte Moritz ärgern, erklärt er, aber gleichzeitig auch einmal »angeben«.

Wenn ein Kind glaubt, nichts vorzuweisen zu haben, kann es durchaus auch vorkommen, dass es zum Mittel des Diebstahls greift, um endlich auch einmal beliebt zu sein, im Mittelpunkt zu stehen, bewundert zu werden. Denn der Wunsch nach Anerkennung ist ein ganz natürliches Bedürfnis.

Talente machen selbstbewusst

Die Autorin Sabine Asgodom verwandelte das Sprichwort »Eigenlob stinkt!« bereits vor vielen Jahren sehr treffend in »Eigenlob stimmt!« Es gibt nichts Schöneres, als sich einer besonderen Fähigkeit bewusst zu sein und dieses Talent auch nach außen zu demonstrieren. Für viele heute sehr bekannte Musiker war dies ein Auslöser für ihre Karriere. Sie geben zu, dass sie vor allem deshalb mit dem Gitarrespielen anfingen, um die Mädchen für sich zu gewinnen.

Heute ist es viel eher üblich, mit Schuhen bestimmter Marken, modischen Kappen oder Designerjeans zu zeigen, was man hat und wer man ist. Um in der Welt gesehen oder gar bewundert zu werden, braucht es aber mehr als angesagte Klamotten oder das neueste Technikspielzeug. Ausstrahlung und Beliebtheit lassen sich nicht kaufen. Jeder Mensch muss seine ureigenen Talente und ganz persönlichen Begabungen finden. Diese sind es, womit wir uns nach außen präsentieren können und womit wir uns von den anderen abheben. Talente machen stolz. Sie schenken uns individuelle Ausstrahlung und Autorität.

Kinder stark machen

Wer sein eigenes Talent kennt, kann die Stärken der anderen besser erkennen und ihnen ihre eigene Begabung gönnen. Oder man tut sich mit Gleichgesinnten zusammen. Bei einem Fußballspiel gibt es nur einen Tormann, aber die anderen zehn Spieler sind mindestens ebenso wichtig.

Talente erkennen und fördern

Manchmal zeigt sich ein Talent sehr drängend, manchmal ganz leise, kaum dass wir es als Eltern und Erzieher verstehen oder richtig interpretieren. Egal wie groß oder klein es ist, jedes Talent braucht jemanden, der es entdeckt. Damit Sie das Talent Ihres Kindes entdecken und fördern können, wäre es zunächst einmal spannend zu erfahren, welche Talente in *Ihnen* schlummern oder bereits wachgeküsst sind.

- Haben Sie einen grünen Daumen?
- Singen Sie begeistert im Chor?
- Schreiben Sie gerne?
- Spielen Sie mit Hingabe Gitarre?
- Sind Sie ein begnadeter Tänzer?
- Tüfteln Sie gerne und reparieren elektrische Geräte?

Talent kann außergewöhnlich sein oder auch nur gerade für die eigenen vier Wände ausreichen. Finden Sie heraus, wofür Ihr Kind eine besondere Begeisterung hegt.

Auch ein bescheidenes Talent kann größer werden, wenn man es entdeckt und fördert.

● Beobachten Sie Ihr Kind, und hören Sie ihm gut zu: In welche Spiele ist es am stärksten vertieft?

● Was macht Ihr Kind immer wieder, und woran möchte es Sie als Eltern beteiligen?

● Tanzt oder singt Ihr Kind Ihnen abends etwas vor, das es tagsüber allein für sich geprobt hat?

● Kann Ihr Kind das Fingertrommeln am Tisch nicht stoppen, weil der kleine Schlagzeuger in ihm herauswill?

● Sitzt Ihr Kind mit leuchtenden Augen über seinem Malkasten und hört und sieht Sie nicht mehr?

● Will Ihr Kind unbedingt eine bestimmte Sportart erlernen?

Gemeinsam Erfolge zelebrieren

»Schönes Zeugnis«, sagten früher viele Eltern. »Aber die Zwei in Mathematik musste doch wirklich nicht sein. Wo du in den anderen Fächern lauter Einsen hast.« Nicht nur Mathematik, auch Lob und Anerkennung zu äußern will gelernt sein.

Kinder, die durch ihre Eltern vermittelt bekommen, was sie *noch nicht so gut* können, verlieren schnell den Bezug zu ihren Fähigkeiten. Helfen Sie Ihrem Kind, seine eigenen Stärken herauszufinden und sich daran zu freuen. Auch Erfolg lässt sich trainieren. Deshalb haben zum Beispiel viele Sportler ihre Trophäen in Augenhöhe stehen.

Überlegen Sie gemeinsam, wie Sie mit der ganzen Familie Erfolge feiern möchten. Das kann ein ausführliches Beklatschen beim gemeinsamen Abendessen sein, ein Eisbecher der besonderen Art als süße Belohnung oder ein Glückstagebuch. Das Tagebuch hat den Vorteil, dass Ihr Kind sich noch nach Jahren an diesen Erfolgen erfreuen, es durchblättern und es anderen Menschen zeigen kann.

Zum Erfolg anspornen

Doch es gibt noch weitere Möglichkeiten, in der Familie Erfolge statt Misserfolge zum Thema zu machen, zum Beispiel morgens am Frühstückstisch:

- Erzählen Sie sich morgens, welche Sache, die Sie schon gut können, Sie heute noch einmal und vielleicht noch etwas besser versuchen wollen. Malen Sie die Gefühle aus, die Sie mit diesem Erfolg verbinden.

- Fragen Sie Ihr Kind, was es heute besonders gut machen möchte und welche schönen Gefühle es dabei erleben möchte.

- Treffen Sie Vorhersagen: Wer glaubt, dass er heute wieder bei etwas erfolgreich sein wird?

- Und wenn der Tag zuvor nicht so ganz erfolgreich war: Was könnte man denn heute anders und besser machen?

- Überlegen Sie sich, welche Belohnungen für Erfolge es am Abend geben könnte.

Das Gute mehren

Eltern-Kind-Gespräche nach diesem Muster helfen erkennen, was bei einem Kind schon positiv vorhanden ist. Es geht hierbei um das Mehren des Guten und nicht um die Veränderung eines Missstands. Es gibt so viele Schwächen und Defizite, die Kinder (und Erwachsene) verunsichern. So viele Menschen, die irgendetwas besser können oder von irgendetwas mehr besitzen. Ihr Kind ist aber für sich ein großer Schatz. Helfen Sie ihm, dies zu erkennen, und polieren Sie auch Ihren eigenen Glanz immer mal wieder auf.

Die Geschichte vom Daumenlutscher

Oder:

Von Alleinsein und
Geborgenheit

»Konrad!« sprach die Frau Mama,
»Ich geh aus und du bleibst da.
Sei hübsch ordentlich und fromm,
Bis nach Haus ich wieder komm.
Und vor allem, Konrad, hör!

Lutsche nicht am Daumen mehr;
Denn der Schneider mit der Scher
Kommt sonst ganz geschwind daher,
Und die Daumen schneidet er
Ab, als ob Papier es wär.«

Fort geht nun die Mutter, und
Wupp, den Daumen in den
    Mund.

Bauz! Da geht die Türe auf,
Und herein in schnellem Lauf
Springt der Schneider in die Stub
Zu dem Daumen-Lutscher- Bub.
Weh! Jetzt geht es klipp und
    klapp
Mit der Scher die Daumen ab,
Mit der großen scharfen Scher!
Hei! Da schreit der Konrad sehr.

Als die Mutter kommt nach Haus,
Sieht der Konrad traurig aus.
Ohne Daumen steht er dort,
Die sind alle beide fort.

Worum es in dieser Geschichte geht

Eine Mutter geht aus dem Haus und ermahnt das Kind, nicht am Daumen zu lutschen. Sie unterstreicht ihre Mahnung noch mit einer furchteinflößenden Drohung. Doch das Kind, das allein zu Hause bleibt, steckt den Daumen in den Mund, um sich über das Alleinsein hinwegzutrösten und sich selbst Geborgenheit zu schenken. Daraufhin erfüllt sich das Schreckensbild, vor dem die Mutter gewarnt hat.

Was diese Geschichte Eltern heute sagen kann

- *Warum Kinder am Daumen lutschen und den Schnuller nehmen.*

- *Warum der Abschied von Daumen und Schnuller auch eine Phase der Loslösung von den Eltern bedeutet.*

- *Wie Eltern ihrem Kind bei dieser Loslösung liebevoll zur Seite stehen können.*

- *Welche guten und schlechten »Ersatzmöglichkeiten« es für den tröstenden Daumen gibt.*

- *Wie man Kindern die Angst vor den nächtlichen Schreckgespenstern nimmt.*

Warum Kinder am Daumen lutschen

Alle Kinder nuckeln, und das von Geburt an. Die einen länger, die anderen weniger lang. Eine ganze Schnullerindustrie konkurriert um dieses Nuckelbedürfnis, und wie lange ein Kind den Daumen oder Schnuller nehmen sollte, ist Gesprächsthema in unzähligen Krabbel- und Elterngruppen. Das Nuckeln hat mit dem Saugreflex des Babys zu tun. Sofort nach der Geburt ist zu beobachten, wie das kleine Mündchen nach der Brust der Mutter tastet. Das Baby will trinken, saugen, nuckeln. Nicht nur, weil es auf diese Weise an leckere Nahrung kommt, sondern auch weil das Nuckeln auf das Kind ausgesprochen beruhigend wirkt. Auf vielen Ultraschallbildern erkennt man, dass manche Babys sogar im Mutterleib am Daumen lutschen.

Nuckeln schenkt Ruhe und Trost

Das Nuckeln und Saugen beruhigt und entspannt das Kind. Je aufgeregter der Säugling, desto eifriger scheint er zu nuckeln. Und tatsächlich hat es die Natur so eingerichtet, dass Nuckeln zu den ersten Erfahrungen gehört, die Stress reduzieren. Deswegen ist es kein Wunder, dass viele Menschen später als Erwachsene gerne an Zigaretten ziehen, Bonbons lutschen, Kaugummi kauen oder etwas trinken, wenn sie nervös sind.

➤ Zahnärzte raten vom Daumenlutschen und Nuckeln am Schnuller eher ab, da sich beides nicht günstig auf das Wachstum des Kiefers auswirken soll.

Das Lutschen am Daumen und das Nuckeln schenkt dem Kind daneben ganz offensichtlich auch Gefühle von Geborgenheit, Sicherheit und Nähe. Es erinnert sich dabei an die mütterliche Brust oder das warme Fläschchen. Wenn kleine Kinder Nahrung aufnehmen, dann sind sie dabei nicht allein. Ein Baby kann sich sein Fläschchen nicht allein machen, und es ist auch nicht in der Lage, die Mutter um die Brust zu bitten. Es geht beim Nähren also nicht nur um die körperliche Sättigung, sondern zugleich um menschliche Zuwendung. Was tut das Kind daher, wenn sich das Bedürfnis nach Zuwendung einstellt? Es nuckelt am Daumen. Der Daumen ist die Verbindung zur nährenden, körperlich spürbaren und präsenten Bezugsperson. So wie es ein Schmusetuch ist oder der nass genuckelte Teddybär oder ein Schnuller. Zudem ist der Daumen immer da. Wenn man ihn braucht, dann steckt man ihn einfach in den Mund.

Kuscheltiere und Schmusetücher sind in vielen Fällen ein Ersatz für das Daumenlutschen. Das Tuch, der Bär, mit seinem vertrauten Geruch, vermitteln ebenfalls Schutz und Geborgenheit. Da diese Tröster in der Regel von den Kindern überall mitgeschleppt werden, sind sie oft ziemlich schmuddelig.

Stecken Sie dennoch das Tuch oder Plüschtier nicht ohne mit Ihrem Kind darüber zu reden in die Wäsche. Nach dem Waschmaschinengang ist das Schmusetier zwar sauber, hat aber für das Kind auch seinen unverkennbaren (und tröstenden) Geruch verloren. Es muss sozusagen wieder eingeschmuddelt werden, damit es die vertraute Wirkung zurückbekommt.

Am besten waschen Sie die Schmusesachen gemeinsam mit Ihrem Kind. Dann fühlt es sich beteiligt und nicht seines Schmuseobjekts »beraubt« und kann mehr und mehr nachvollziehen, dass auch die liebsten Sachen irgendwann gewaschen werden müssen. So wie es selbst ja auch immer gewaschen wird.

Bis wann wird genuckelt?

Die meisten Kinder hören etwa ab dem dritten oder vierten Lebensjahr von allein mit dem Nuckeln oder Daumenlutschen auf. Sie können sich nun schon artikulieren und empfinden auch so etwas wie eine Konkurrenz zu anderen Kindern bezüglich ihrer Selbstständigkeit. Am Daumen lutschen oder einen Schnuller im Mund haben – so etwas macht ein Baby. Dazu fühlt das Kind sich jetzt zu groß.

Außerdem verspürt ein Kind in diesem Entwicklungsabschnitt immer mehr Sicherheit. Es hat bereits viele Erfahrungen gemacht, was es schon alles allein kann. Manchmal wandert der Daumen noch in verträumten Momenten, Trostminuten oder vor dem Einschlafen in den Mund, aber das ist jetzt eher so etwas wie eine lieb gewonnene Angewohnheit.

Schnuller und Daumen ade

Es ist wie mit dem Schmusetier. Genauso wenig, wie Sie dieses eigenmächtig waschen sollten, ist es auch nicht ratsam, einem Kind einfach den Schnuller wegzunehmen, um es davon zu entwöhnen. Das Kind erlebt diese Handlung als Übergriff. Schließlich ist es *sein* Schnuller. Gemeinsam geht es auch hier besser:

● Sprechen Sie immer wieder mit dem Kind darüber, ob es den Schnuller noch »braucht« oder bereits ein paar Tage aussetzen kann.

● Verabschieden Sie gemeinsam den Schnuller mit einem Fest.

● Legen Sie den Schnuller in ein Kästchen, und setzen Sie dieses auf einen Fluss, von wo aus er ins Schnullerland, zu seinen Freunden, reisen kann.

- Oder schicken Sie den Schnuller symbolisch auf die Reise zu einem Kind, das den Schnuller jetzt braucht.

- Bedanken Sie sich dann bei Ihrem Kind im Namen des Kindes, das den Schnuller erhält.

Wenn Ihr Kind am Daumen gelutscht hat, dann können Sie diesen natürlich nicht auf diese Weise verabschieden. Aber das Kind kann:

- dem Daumen erzählen, dass es jetzt groß ist,

- sich beim Daumen bedanken,

- dem Daumen sagen, dass er jetzt mehr Zeit hat, um mit den anderen Fingern zu spielen.

- Und es kann mit einem fröhlichen Fest die »Daumenlutschzeit« beenden.

Loslösung, die schwerfällt

Wenn Ihr Kind den Schnuller oder Daumen nicht mehr braucht, weil es jetzt schon »groß« ist, dann ist das schön für Sie. Manchmal ist es aber auch ein wenig traurig. Denn Sie erkennen bereits jetzt: Ihr Kind geht immer mehr seinen eigenen Weg. Sie müssen es laufen lassen, damit es im eigenen Leben ankommt.

Wenn sich ein Kind zunehmend aus der engen Bindung mit den Eltern löst, dann ähnelt dies einem fein abgestimmten Tanz zwischen Eltern und Kind. Je selbstständiger das Kind wird, desto häufiger entfernt es sich vom Rockzipfel der Mutter. Es kann sich mit sich selbst beschäftigen und probiert eigenständig Dinge aus. Das geht umso besser, je sicherer sich das Kind durch die Gegenwart der Eltern fühlt.

Sie kennen ihn bestimmt, diesen Blick Ihres Kindes um die Ecke oder das »Kann ich was zu trinken haben?«. Eben hat es noch etwas gebastelt oder gespielt, schon kommt es und schaut kurz nach, ob Sie noch da sind. Manchmal verbindet es diese kleine Kontrolle mit einer Frage oder einer Bitte. Der kurze Blick nach Ihnen ist für das Kind die Rückversicherung, dass es allein spielen kann, ohne allein zu sein.

Loslösung ist ein Thema, das auch später noch häufiger in der Eltern-Kind-Beziehung auftaucht. Zum Beispiel wenn Ihr Kind in die Pubertät kommt und den Konflikt zwischen dem Bedürfnis nach Nähe und Geborgenheit und dem Streben nach Eigenständigkeit wieder einmal – und besonders heftig – spürt. Eltern können aber bereits jetzt eine gute Basis schaffen, damit auch die weiteren Phasen der Ablösung für beide Seiten nicht zu schmerzhaft werden. Dies geschieht durch verbale und non-verbale Signale der Verlässlichkeit.

Viele Kinder, bei denen der Übergang von der engen Bindung zur Eigenständigkeit nicht schrittweise und für sie verkraftbar erfolgt, besorgen sich Hilfsmittel als »Übergangsobjekte«: eben den Schnuller, das Kuscheltier, das Kuscheltuch. Das Kind sorgt auf diese Weise für sich selbst. Dies ist eine große Leistung in der Entwicklung eines Menschen: zu wissen, wann und wie man sich selbst helfen kann.

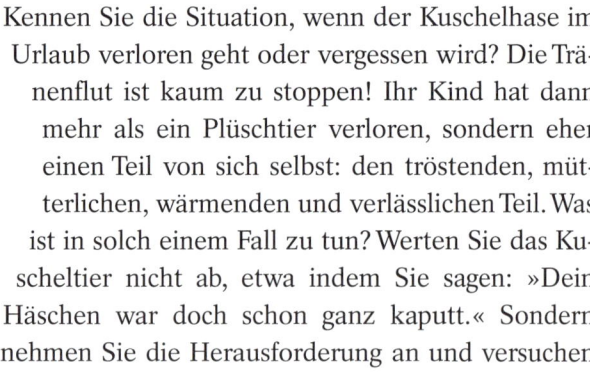

Kennen Sie die Situation, wenn der Kuschelhase im Urlaub verloren geht oder vergessen wird? Die Tränenflut ist kaum zu stoppen! Ihr Kind hat dann mehr als ein Plüschtier verloren, sondern eher einen Teil von sich selbst: den tröstenden, mütterlichen, wärmenden und verlässlichen Teil. Was ist in solch einem Fall zu tun? Werten Sie das Kuscheltier nicht ab, etwa indem Sie sagen: »Dein Häschen war doch schon ganz kaputt.« Sondern nehmen Sie die Herausforderung an und versuchen

Signale der Verlässlichkeit in der Phase der Loslösung

- Wir sind für dich da, wenn du uns brauchst.

- Wir geben dir die Basis für ein Grundvertrauen.

- Wir sind berechenbar.

- Wir fangen dich auf und helfen dir weiter, wenn du mit irgendetwas allein nicht fertig wirst.

- Wir unterstützen dein Streben nach Eigenständigkeit.

- Wir respektieren deinen Eigen-Sinn, weil du dich nur so zu einer selbstständigen Person entwickeln kannst.

Sie, das Kuscheltier wieder zu besorgen. Zurückfahren, nachschicken lassen, aufs Fundbüro gehen – lassen Sie nichts unversucht.

Sollte sich das Schmusetier nicht mehr auftreiben lassen, dann denken Sie sich eine Geschichte aus, die von dem neuen schönen Leben des Kuschelhasen erzählt. Und dann kaufen Sie gemeinsam mit dem Kind ein neues Schmusetier, das jetzt »auch ein schönes Zuhause braucht«.

Den Daumen ersetzen

Auch wenn sich das Kind vom Daumen und vom Kuscheltier verabschiedet hat, wird es immer wieder in Situationen kommen, in denen es Trost von außen benötigt und sich selbst trösten muss. Ein Kind muss also nach und nach lernen, auf andere Weise als mit dem Daumen im Mund oder dem Kuschelhasen im Arm für sein seelisches Wohl zu sorgen.

Viele Erwachsene leben vor, dass man vor allem über den Mund, durch Essen oder Trinken, seinen Gefühlshaushalt in Ordnung bringt. »Unsere Kinder werden immer dicker!«, lesen wir in Zeitungen und Zeitschriften. Das hat nicht nur etwas mit der ungesunden Nahrung zu tun, die in vielen Familien auf den Tisch kommt, sondern auch damit, dass Essen häufig falsch eingesetzt wird: nicht, um satt zu werden und Energie aufzunehmen, sondern als »Frustessen«, als Trost bei Kummer oder als Ablenkung bei Stress.

Eltern sollten einem Kind deshalb frühzeitig vermitteln, dass neben Essen und Trinken auch Musik und Malen, Gespräche oder Lesen »Nahrung« sein können. Dass es andere Möglichkeiten als essen und trinken gibt, um mit Traurigkeit und anderen Belastungen oder auch mit schönen Gefühlen wie nervöse Vorfreude oder prickelnde Verliebtheit umzugehen.

Der Seele Nahrung geben

Kinder lernen durch Nachahmung. Wenn ein Kind beobachtet, dass die Eltern abends Chips knabbern, damit Gemeinsamkeit noch ein bisschen schöner wird, wenn es die Erfahrung macht, dass es bei einem Heulanfall von den Eltern mit einem Eis »ruhiggestellt« wird, und wenn anstelle eines Beschäftigungsangebots die Frage »Willst du eine Brezel?« erfolgt, dann ist es nicht verwunderlich, dass ein Kind in seinen späteren Jahren nicht mehr weiß:

- Wann bin ich hungrig?

- Wie fühlt es sich an, wenn ich satt bin?

- Ist es körperlicher Hunger?

- Oder braucht meine Seele Nahrung?

Damit ein Kind das Bedürfnis nach körperlicher Nahrung oder seelischer Zuwendung zu unterscheiden lernt, müssen die Eltern ihm nicht nur beibringen, wie man ein Brötchen mit Butter beschmiert, sondern auch, ob es überhaupt ein Brötchen braucht.

Sattmacher für die Seele

- Achten Sie darauf, dass Ihre Kinder nicht gedankenlos Nahrung in sich hineinstopfen.

- Sorgen Sie für regelmäßige Mahlzeiten und ruhige gemeinsame Zeiten am Tisch.

- Reden Sie mit Ihrem Kind darüber, welche Dinge es glücklich machen, die nichts mit Essen oder Süßigkeiten zu tun haben.

- Sammeln Sie gemeinsam mit Ihrem Kind Erfahrungen, die seelische Nahrung sind.

Mit sich allein sein können

Jeder Mensch ist ab und zu allein. Das bedeutet nicht, dass man sich einsam und verlassen fühlen muss. Die Anzahl der Einzelhaushalte nimmt zu, und vielleicht wird auch Ihr Kind später zeitweise allein lcbcn. Wie schön, wenn es dann auf die kindliche Erfahrung zurückgreifen kann, dass man sich auch mit sich selbst beschäftigen kann. Wenn es sich dann an die Momente erinnert, in denen es in sich selbst versunken und dabei glücklich war.

Unterstützen Sie Ihr Kind bei der Suche nach schönen Beschäftigungen in einsamen Stunden. Das kann ein spannendes

Hörbuch sein oder die bunten Malfarben. Dann muss es weder am Telefon hängen noch vor dem Fernseher oder am Computer hocken, damit die Zeit, in der es allein ist oder sich langweilt, wie im Flug vergeht.

Sinnliche Erfahrungen – nährende Erfahrungen

Überlegen Sie mit Ihrem Kind, wie Sie gemeinsam ganz alltägliche Dinge wieder intensiver und mit allen Sinnen erleben können. Sammeln Sie so viele Ideen wie möglich, damit Ihr Kind auf den Trost durch Schnuller oder Daumen und Sie selbst auf die Chips aus Frust oder Langeweile verzichten können. Hier nur einige Anregungen:

- Kuscheln und dabei Musik hören – und nicht Musik so ganz nebenbei im Auto hören.

- Fühlst du den Baum – Naturerfahrungen vielfältiger Art ermöglichen.

- Schmeckst du die gute Luft – Qualitätsunterschiede wahrnehmen und dabei nachspüren, was die guten Erfahrungen bewirken.

- Was lässt dein Herz vor Freude hüpfen? Kleine Zettel mit Beispielen an eine Schnur hängen. Immer wenn das Kind traurig ist, darf es sich einen Zettel ziehen und das, was auf dem Zettel steht, umsetzen.

- Die Langsamkeit wiederentdecken: Wie geht es sich ganz langsam? Spürst du den Unterschied zu schnell gehen? Iss mal ganz langsam. Hör mal ganz genau hin. Fühl mal, wie zart der Stoff ist.

Die Schreckgespenster im Kinderleben

Viele Erwachsene erinnern sich noch heute an den Schrecken, den ihnen die »Struwwelpeter«-Geschichte von den abgeschnittenen Daumen als Kind eingejagt hat. Sie haben sich vorgestellt, dass der »Schneider mit der Scher« wirklich gekommen ist. Aber vielleicht war das Ganze nur ein böser Traum, und in dieser Geschichte vermischen sich Fantasie und Realität ...

Viele Kinder im Alter von drei bis fünf Jahren erzählen von beängstigenden Albträumen, in denen Monster ihnen etwas Schreckliches antun. Die Kinder erleben diese Träume ganz realistisch. Sie spüren die Angst, und diese Angst ist real. Denn Träume sind Bilder. Wie bei den schönen Träumen wirken auch in Albträumen Emotionen, die sich über Figuren, Sequenzen und Symbole vermitteln. Und wenn das Kind aufwacht, ist es häufig noch völlig in diesen Bildern gefangen. Der Traum ist für das Kind noch gegenwärtig, ist Teil des wachen Erlebens. Bis er sich ganz verflüchtigt hat, kann es manchmal eine Weile dauern. Deshalb ist es ganz wichtig, dass nach solch einem bösen Traum die Eltern da sind und das Kind festhalten.

Die Monster zähmen

Sprechen Sie mit Ihrem Kind darüber, wenn es einen Albtraum hatte. Lassen Sie es von den Figuren im Traum erzählen, sie beschreiben und später vielleicht aufmalen. Vermeiden Sie aber Interpretationen des Traums. Verwandeln Sie das Bedrückende in ein Spiel, indem Sie mit dem Kind den Traum neu spinnen, Handlungen einflechten oder ein neues Ende erfinden. Behandeln Sie den Traum etwa wie ein Märchen. Märchen sind ebenfalls Geschichten voller Symbole, in der Regel geht die Geschichte aber gut aus.

Nina hat Angst, ins Bett zu gehen, denn sie träumt in letzter Zeit oft schlecht. Immer wieder kommt ein großes Tier, das sie entführen will. Nina ruft in diesen Träumen nach ihren Eltern, aber die hören sie dann nie. Nun will sie nicht mehr einschlafen, aus Angst, dass das böse Tier wiederkommt.

Die Mutter lässt sich von Nina immer wieder den Traum erzählen. Nach und nach verwandelt sie das grässliche Tier so in ein Monster, das einen Spielkameraden sucht und nicht weiß, wie das geht. »Wie könnte es dir ganz lieb zeigen, dass es mit dir spielen will?«, fragt die Mutter und überlegt weiter mit Nina, was die beiden miteinander spielen könnten. Später lässt sie Nina mit Wachsmalstiften ein Bild malen, wie Nina und das Monster mit Puppen spielen. »Es kann dich auch schützen«, überlegt die Mutter mit Nina weiter, und sie hängt gemeinsam mit Nina das Bild ins Kinderzimmer. Allmählich verliert Nina die Angst vor der Nacht.

Um dem Traum seinen Schrecken zu nehmen, sind folgende Fragestellungen hilfreich:

- Was könntest du oder was könnten wir jetzt tun, damit wir das Monster zähmen oder besiegen?

- Was können wir tun, damit wir uns mit dem Monster vertragen und Freundschaft mit ihm schließen können?

- Das Monster hat dich hereingelegt? Wie können wir das Monster auch hereinlegen?

Die Angst, die der Traum beim Kind ausgelöst hat, kann durch das Erzählen und Weiterspinnen oder indem es den Traum aufmalt, gut verarbeitet werden. Ihr Kind gewinnt durch Ihr Nachfragen immer wieder eine neue Sicht auf den Traum. Auf diese Weise übt es, Lösungen und andere Sichtweisen zu finden. Für die Konfliktbewältigung und Entscheidungsfindung im Lebensalltag ist diese Vorstellungskraft später sehr wichtig.

Es gibt auch gute Monster

Doch nicht vor allen Monstern fürchten sich Kinder. Es gibt auch Monster, mit denen sie sich seelenverwandt fühlen. Monster, die hilfreich sind, weil sie repräsentativ für die Kinder Konflikte lösen. Zum Beispiel das Krümelmonster aus der »Sesamstraße«. Dieses gutmütige Wesen ist berühmt dafür, dass es genau wie ein Kind seine Gefühle und Bedürfnisse nicht immer kontrollieren kann. Auch die anderen Monster aus der »Sesamstraße« sind nicht gerade ein Ausbund an Selbstbeherrschung. Es ist tröstlich und lehrreich, wie diese kleinen Fernsehfiguren stellvertretend für die Kinder die Konsequenzen für ihre Übertretungen ausbaden müssen. Meistens geschieht dies in durchaus humorvollen, Schadenfreude erzeugenden Situationen.

Darüber hinaus schützen gute Monster vor vielfältigen Gefahren. Manchmal auch vor den bösen Monstern in der Nacht. Manche Kinder nehmen deshalb das gute Monster mit ins Bett, damit sich das böse Monster nicht in den Traum wagt. Monster ist also nicht gleich Monster. Unterstützen Sie Ihr Kind dabei, den Unterschied zu erkennen und die positive Kraft der guten Monster für sich zu nutzen.

Die Geschichte vom Suppen-Kaspar

Oder:

Von körperlichem und
seelischem Hunger

Der Kaspar, der war kerngesund,
Ein dicker Bub und kugelrund.
Er hatte Backen rot und frisch;
Die Suppe aß er hübsch bei Tisch.

Doch einmal fing er an zu schrein:
»Ich esse keine Suppe! Nein!
Ich esse meine Suppe nicht!
Nein, meine Suppe eß ich nicht!«

Am nächsten Tag – ja sieh nur her!
Da war er schon viel magerer.
Da fing er wieder an zu schrein:
»Ich esse keine Suppe! Nein!
Ich esse meine Suppe nicht!
Nein, meine Suppe eß ich nicht!«

Am dritten Tag, o weh und ach!
Wie ist der Kaspar dünn und
    schwach!
Doch als die Suppe kam herein,
Gleich fing er wieder an zu schrein:
»Ich esse keine Suppe! Nein!
Ich esse meine Suppe nicht!
Nein, meine Suppe eß ich nicht!«

Am vierten Tage endlich gar
Der Kaspar wie ein Fädchen war.
Er wog vielleicht ein halbes Lot –
Und war am fünften Tage tot.

Worum es in dieser Geschichte geht

Ein wohlgenährter Junge, der bislang immer ein guter Esser war, weigert sich mit einem Mal unter Geschrei zu essen. Tag für Tag kommt es bei Tisch zum selben Spektakel – bis das Kind an Unterernährung stirbt.

Was diese Geschichte Eltern heute sagen kann

● *Welche Essensregeln für Kinder hilfreich sind.*

● *Wie man Kindern bewusstes Essen nahebringt.*

● *Wie man in der Familie für eine gute Atmosphäre bei Tisch sorgt.*

● *Wie Eltern die Basis für eine gute Ernährung ihres Kindes schaffen.*

● *Warum Essen für viele Menschen mit Konflikten verbunden ist.*

Essen – ein konfliktreiches Thema im Leben

Die Geschichte vom Suppenkaspar ist vielen Menschen noch in besonders guter Erinnerung. Das liegt nicht nur daran, dass auch diese Geschichte aus dem »Struwwelpeter« ein trauriges Ende nimmt, sondern weil das Thema Essen heutzutage für viele Menschen mit großen Konflikten verbunden ist.

Im Grunde ist das erstaunlich, wenn man bedenkt, dass Essen, oder besser die Nahrungsaufnahme, eines der menschlichen Grundbedürfnisse ist. Wir essen, um Energie aufzunehmen – Lebensenergie, wenn man so will –, und die Natur hat es so eingerichtet, dass die Befriedigung dieses Bedürfnisses als etwas äußerst Angenehmes empfunden wird. Deshalb sollte man meinen, dass eigentlich kein Kind »freiwillig« aufs Essen verzichtet. Doch genau das machen heute manche Kinder, besonders Mädchen, wenn sie in die Pubertät kommen. Sie verweigern das Essen, aus Angst zuzunehmen. Sie wollen dem Idealbild »schlank und schön«, das in den Medien und in der Werbung propagiert wird, entsprechen.

Eine der großen Herausforderungen für Familien von heute ist es, mit dem großen Nahrungsmittelangebot umzugehen. Häufig verzehrt, können Pizza und Hamburger Kinder dick machen. Vor allem Mädchen versuchen ihr Gewicht über die Verweigerung von Essen zu kontrollieren. Doch mit gesundem Essen und wenn man bewusst isst, wird man nicht dick. Es sind die ungesunden Nahrungsmittel und das unbewusste Hineinstopfen von Essen, das zu überflüssigen Pfunden führt. Diesen Unterschied gilt es Kindern nahezubringen.

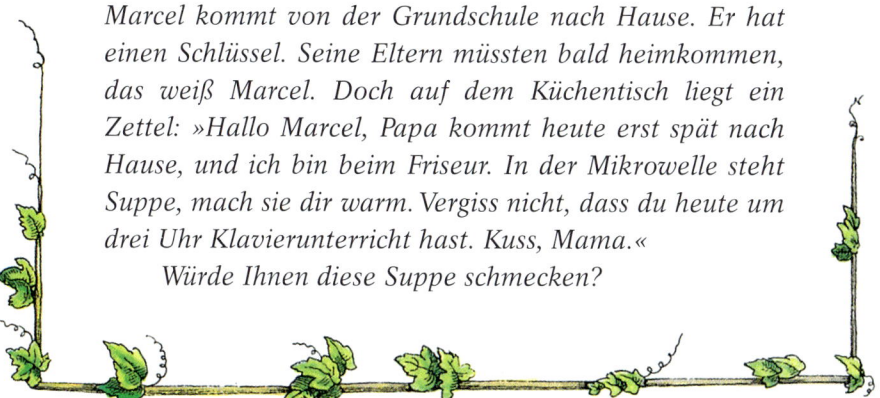

Marcel kommt von der Grundschule nach Hause. Er hat einen Schlüssel. Seine Eltern müssten bald heimkommen, das weiß Marcel. Doch auf dem Küchentisch liegt ein Zettel: »Hallo Marcel, Papa kommt heute erst spät nach Hause, und ich bin beim Friseur. In der Mikrowelle steht Suppe, mach sie dir warm. Vergiss nicht, dass du heute um drei Uhr Klavierunterricht hast. Kuss, Mama.«
Würde Ihnen diese Suppe schmecken?

Essen ist mehr als Nahrungsaufnahme

Sich an einen Tisch zu setzen und gemeinsam mit anderen das Essen einzunehmen ist ein ausgesprochen sozialer und kommunikativer Akt. Gemeinsames Essen demonstriert die Zusammengehörigkeit von Gruppen. Das zeigen Familienfeiern, Festessen in Vereinen und Firmen, dies zeigt das kirchliche Abendmahl. Allein zu essen signalisiert vielen Menschen Einsamkeit und Alleingelassensein. Die kindliche Verweigerung der »Suppe« in vielen Familien ist nicht nur eine Verweigerung von schlechten, da einseitigen Speiseplänen, sondern auch ein Protest gegen die Hektik in der Familie, die keine Zeit für gemeinsame Gespräche und soziale Aktivitäten lässt.

Auch essen will gelernt sein

Der Mensch lernt essen mit der Muttermilch. Im ersten Lebensjahr hat das Kind seinen natürlichen Essrhythmus gefunden. Etwa alle vier Stunden verlangt es nach Nahrung. Das Stillen ist auch ein Akt tiefster Verbundenheit von Mutter und Kind. Das

Kind spürt die innige Zuwendung der Mutter. Es kann sich Zeit bei der Nahrungsaufnahme lassen, kann so lange saugen, bis es satt ist. Die Mutter spricht mit dem Baby und reagiert auf seine Laute und Mimik. »Schmeckt es dir?«, fragt sie und streichelt dabei sanft über das Köpfchen. Und Muttermilch ist süß. Für uns Menschen ist das von großer Bedeutung, denn seit Urzeiten steht Süße für »nahrhaft« und »ungiftig«. Die Nahrungsmittelwerbung hat das längst erkannt und baut ebenfalls auf die Verbindung süß – nahrhaft – lecker.

Alles, was ein Kind braucht

Babys lieben Mamas Milch und wissen, wann sie sie brauchen. Manchmal trauen die Eltern jedoch diesem natürlichen Instinkt des Kindes nicht. Sie sind verunsichert, auch durch Kommentare wie: »Benni sieht aber ein bisschen blass aus. Und sehr dünn ist er auch, findest du nicht? Du solltest ihm mal zusätzlich ›XY‹ füttern, das soll alle wichtigen Aufbaustoffe enthalten.« Dem Kind genügt aber die Muttermilch vollauf. Und zugleich hat es die Natur so eingerichtet, dass das Kind irgendwann von dieser »Suppe« genug hat.

In der kindlichen Entwicklung werden nämlich nicht nur die Reflexe, die bei der Geburt vorhanden sind (zum Beispiel Saugen und Greifen) durch Lernen an die Anforderungen der Umwelt angepasst. Auch die Befriedigung der grundlegenden Bedürfnisse (zum Beispiel Hunger und Durst) wird durch Lernerfahrungen verändert. Und damit ändern sich auch die Essgewohnheiten und die Vorlieben für bestimmte Nahrungsmittel. Das ist für das Überleben von Vorteil, weil der Mensch sich bisher unterschiedlichen Nahrungsangeboten der Natur anpassen konnte: von der Muttermilch zum Brei zum Brot zur Wurst zum Müsli usw.

Ein Nachteil ist, dass unter gelenkten kulturellen Einflüssen, zu denen auch eine geschickte Werbung gehört, Essgewohnheiten entwickelt werden können, die nicht mehr dem natürlichen und notwendigen Bedarf entsprechen.

Was wollen Kinder am liebsten essen? Sie werden vielleicht spontan antworten: »Hamburger, Chips und Eis!« Doch Untersuchungen haben gezeigt, dass Kinder, wenn man ihnen eine bunte Auswahl an unterschiedlichen Nahrungsmitteln bietet, nach einiger Zeit Hamburger & Co. Adieu sagen und instinktiv – und immer wieder – zu den Nahrungsmitteln greifen, die nicht nur nahrhaft, sondern auch gesund sind. Dies gilt für alle Kinder, auch für die, die sich bereits sehr lange einseitig ernährt haben. Im Alltag haben die Kinder aber diese Auswahl oft nicht, denn die Werbung unterstützt künstlich hergestellte Lebensmittel und nicht die natürliche Nahrung. Nicht nur Kinder, auch wir Erwachsenen fallen beim Einkauf darauf rein.

Nicht alles muss schmecken

Sophie kommt aus dem Kindergarten nach Hause und erklärt unter Berufung auf ihre beste Freundin, dass Karotten eklig sind. Von diesem Tag an weigert sie sich, Karotten zu essen, und die unerwartete und neue Abneigung hält sich auch dann noch, als Sophie ihre Kindergartenfreundin längst aus den Augen verloren hat.

Die Eltern von Sophie gehen mit diesem Widerwillen ganz natürlich um. Sie wissen, Mutter Natur hat noch mehr in ihrem Garten, und wenn es nicht Möhren sind, dann eben ein anderes Gemüse. »Irgendwann wird sich das auch wieder geben«, meint die Mutter. »Und wenn nicht«, sagt der Vater, »dann bekommt sie die Vitamine auch mit anderer Kost.«

Diese Eltern verhalten sich angemessen. Sie machen aus der Abneigung ihrer Tochter gegen Karotten kein Drama. Die Karotten werden nicht einmal zum Gesprächsthema bei Tisch. Damit wird das Thema nicht überbewertet und erhält dadurch auch nicht eine Macht, die ihm gar nicht zusteht.

Eltern sollten ihr Kind nicht zwingen, verabscheute Nahrungsmittel zu essen. Wir alle kennen aus unserer frühen Kindheit solche Speisen, die uns entweder zu bitter waren, blähten oder uns an eklige Dinge erinnerten. Auch die Diskussionen über den so gesund geltenden Spinat (oder Rosenkohl, Pilze, Grapefruit, Lauch, Rote Bete etc.) sind vielen von uns noch heute in lebhafter Erinnerung. Das, was man durch freiwilliges Ausprobieren dann aber für sich entdeckte, bereitet meist bis heute den höchsten Essgenuss.

Wie Sie Ihr Kind auf den Geschmack bringen

Die sechsjährige Miriam sieht in der Fernsehwerbung einen Werbespot für Hüttenkäse. Es sieht toll aus, wie die Frau den Käse löffelt, und die cremige Masse mit den kleinen Körnchen empfindet Miriam als verführerisch lecker. »Das schmeckt dir nicht!«, entscheidet die Mutter, die Hüttenkäse kennt. Sie mutmaßt, dass das nichts für ihre Tochter ist, weil Miriam schließlich auch keinen Naturjoghurt ohne Geschmacksstoffe mag. Doch Miriam quengelt – also wird Hüttenkäse gekauft.

Miriam probiert und verzieht enttäuscht das Gesicht. Erstens sieht der Käse nicht so wie in der Werbung aus, und zweitens schmeckt er ihr nicht. »Hab ich dir doch gesagt!«, schimpft die Mutter. »Aber du musst ja immer alles besser wissen. Jetzt isst du den Käse auf! Du hast ihn gewollt, und damit fertig!«

Die Geschmäcker sind verschieden. Das, was Ihnen schmeckt, muss nicht unbedingt Ihrem Kind munden. Andererseits wissen Kinder nicht, wie vieles schmeckt, weil sie es noch nicht ausprobiert haben. Es macht keinen Sinn, einem Kind zu sagen, »Das wird dir bestimmt gut schmecken!«, wenn es die Speise oder das Nahrungsmittel noch nie gegessen hat. Das Kind muss selbst testen, ob es daran Gefallen findet.

Ein Kind an gutes Essen heranzuführen bedeutet, seine Bedürfnisse wie auch seine Nahrungswünsche zu respektieren. Es heißt, nicht nur seinen Hunger zu stillen, sondern auch auf seine unterschiedlichen Vorlieben für Nahrungsmittel einzugehen und die Freude am Essen durch Probieren und kreative Geschmacksexperimente zu fördern.

Richtig essen – bewusst essen

Kaum mehr ein Kind hat heute sein natürliches Gewicht. Das hängt auch damit zusammen, dass Essen sehr häufig mit Abwechslung, Trost und Belohnung verbunden wird. Eigentlich sollte man dann essen, wenn man Hunger hat, und aufhören zu essen, wenn man satt ist. Babys besitzen dieses Wissen. Sie drehen den Kopf weg, wenn sie keine Nahrung mehr mögen. Versuchen Sie dann, ihm weiterhin das Fläschchen zu geben, läuft die Nahrung aus dem Mund. Das Baby isst, bis es satt ist, und dann wieder, wenn sich der Hunger meldet.

Wenn Kinder größer werden und man mit ihnen auch verbal kommunizieren kann, wird ihnen durch die Eltern noch ein anderer Stellenwert von Nahrung vermittelt. Das Kind lernt, dass Essen zur Beruhigung dient oder zur Manipulation, dass es zum Beispiel seinen Teller aufessen soll, um Ärger zu vermeiden oder um zu gefallen. Oder das Kind soll auf einmal für jemand anderen »mitessen«. Dann heißt es »Ein Löffelchen für …« und »… mir zuliebe«.

Bewusstes Essen und Genießen lernt ein Kind durch diese Taktik nicht. Im Gegenteil – es wird später noch ein Stück Torte nehmen, nur um nicht die Gastgeberin zu kränken. Und es wird noch ein Glas mittrinken, nur um dem Kumpel einen Gefallen zu tun.

Tipps für eine gesunde Esskultur in der Familie

- Nehmen Sie die Mahlzeiten gemeinsam ein, und lassen Sie sich Zeit beim Essen. Langsames Essen trägt dazu bei, das Sättigungsgefühl besser zu spüren.

- Essen Sie dann, wenn Sie Hunger haben, und nicht, wenn sich bereits Heißhunger meldet.

- Bieten Sie Ihren Kinder natürliche und gesunde Nahrungsmittel an, aber verdonnern Sie niemanden zum Verzehr.

- Vermeiden Sie weitgehend – in jedem Fall im Beisein der Kinder – Frustessen und Trostschokolade.

- Verbinden Sie in der Familie Essen nicht mit Gefühlen, etwa indem Sie sagen: »Schokolade macht glücklich« oder »Heißer Vanillepudding wärmt die Seele« oder »Bevor ich die lästige Arbeit mache, gönne ich mir erst mal was Gutes zu essen!«

Essen darf Spaß machen

»Spiel nicht herum, sondern iss anständig!« Auch dieser Satz dürfte manchen von Ihnen noch in den Ohren klingen. Kinder erfahren ihre Welt aber nun einmal spielerisch. Zudem sitzen die Erwachsenen in der Wahrnehmung von Kindern viel zu lange am Esstisch. Die Mahlzeiten ziehen sich hin, und die Kinder beginnen sich zu langweilen. Also fangen sie an, sich zu beschäftigen. Dürfen keine Spielsachen mit an den Tisch, so wird eben das Essen zum Spielzeug. Makkaroni lassen sich als Strohhalme verwenden, mit Senf lässt sich ein lachendes Gesicht auf das Wurstbrot malen, mit rotem Sirup kann man auf Grießbrei herrliche Muster zeichnen.

➤ Lassen Sie zu, dass bei Tisch auch gelacht werden darf. Zweifellos gehört es mit zur Erziehung, Kindern beizubringen, Nahrung wertzuschätzen und dass Essen nichts ist, womit man gedankenlos spielt. Am Essenstisch aber haben Schuldgefühle nichts verloren. Es gibt viele andere Gelegenheiten, ein Kind auf den achtsamen Umgang mit Nahrungsmitteln hinzuweisen.

Kein Zwang bei Tisch

Der Teller ist noch halb voll, Ihr Kind ist satt und »mag nicht mehr«. Eigentlich ist das doch eine gute Sache. Denn das Kind hat augenscheinlich ein Gefühl dafür, dass es im Moment keine Nahrung mehr braucht. Sie könnten antworten: »Ach, du bist satt, dann stellen wir den Teller weg. Wenn du wieder Hunger hast, dann kannst du ja schauen, ob du weiteressen willst.« Manche Eltern drohen jedoch in solchen Situationen: »Dann gibt es für dich auch keinen Nachtisch!«

Kleinere Kinder können jedoch die Konsequenz der Speisenfolge noch nicht nachvollziehen. Wieso muss das eine aufge-

gessen werden, bis man das andere essen darf? Warum ist das
Gemüse wichtiger als das Eis? Warum soll man alles davon essen? Beim Pudding oder bei den Keksen bestehen die Eltern ja
auch nicht darauf, dass alles aufgegessen wird.

Lassen Sie sich deshalb in solchen Situationen auf keine
Machtkämpfe ein, sondern vermitteln Sie Argumente für die
Einhaltung von Regeln. Das Kind will das Gemüse nicht mehr,
dafür aber den Pudding. Da können Sie sagen: »Ach, ich dachte,
du bist satt. Wenn du Hunger auf Nachtisch hast, geb ich dir lieber
erst mal eine kleine Portion. Den Rest kannst du ja dann heute
Abend essen, dann wenn du auch das Gemüse weiterisst.«

Essensregeln, die allen schmecken

- Jedes Familienmitglied darf am Speiseplan mitwirken.

- Jedes Lieblingsessen kommt einmal dran.

- Jeder in der Familie darf sich abwechselnd einen Nachtisch
  wünschen.

- Alle bleiben am Tisch sitzen, bis jeder fertiggegessen hat.

- Die Kleinen dürfen, wenn sie aufgehört haben zu essen, ein
  Buch betrachten, bis die Großen fertig sind.

Gesunde Nahrungsmittel sind nicht gerade der Hit bei Kindern. Wie wäre es deshalb mit einer Sterne-Küche bei Ihnen zu Hause? Vergeben Sie Sterne an die Familienmitglieder, die sich neue, leckere Gemüsekombinationen ausdenken. Auf diese Weise fördern Sie nicht nur gutes Essen in der Familie, sondern gleichzeitig auf spielerische Art Kreativität und Teamgeist und geben Raum für neue Ideen und Inspiration. Wetten, dass Sie so nicht nur Ihren Kindern den Speiseplan, das Einkaufen und Kochen nahebringen, sondern selbst auch noch dazulernen!

Die Geschichte vom Zappel-Philipp

Oder:

Von Ruhe und Unruhe

»Ob der Philipp heute still
Wohl bei Tische sitzen will?«
Also sprach in ernstem Ton
Der Papa zu seinem Sohn,
Und die Mutter blickte stumm
Auf dem ganzen Tisch herum.

Doch der Philipp hörte nicht,
Was zu ihm der Vater spricht.
Er gaukelt und schaukelt,

Er trappelt und zappelt
Auf dem Stuhle hin und her.
»Philipp, das mißfällt mir sehr!«

Seht, ihr lieben Kinder, seht,
Wie's dem Philipp weiter geht!
Unten steht es auf dem Bild.
Seht! Er schaukelt gar zu wild,
Bis der Stuhl nach hinten fällt;
Da ist nichts mehr, was ihn hält.

Nach dem Tischtuch greift er, schreit.
Doch was hilft's? Zu gleicher Zeit
Fallen Teller, Flasch und Brot.
Vater ist in großer Not,
Und die Mutter blicket stumm
Auf dem ganzen Tisch herum.

Nun ist Philipp ganz versteckt,
Und der Tisch ist abgedeckt.
Was der Vater essen wollt,
Unten auf der Erde rollt.
Suppe, Brot und alle Bissen,
Alles ist herabgerissen.

Suppenschüssel ist entzwei,
Und die Eltern stehn dabei.
Beide sind gar zornig sehr,
Haben nichts zu Essen mehr.

Worum es in dieser Geschichte geht

Ein Junge kann beim Essen einfach nicht stillsitzen. Er hat anscheinend auch keine Tischmanieren, denn er hört nicht zu und befolgt nicht, was die Eltern von ihm verlangen. Er sorgt durch sein Herumzappeln zuerst für Unruhe bei Tisch und dann für ein Desaster.

Was diese Geschichte Eltern heute sagen kann

- *Warum Kinder gerade beim Essen oft nicht stillsitzen können.*

- *Warum der Esstisch der falsche Ort für Erziehungsmaßnahmen ist.*

- *Wie Eltern einem Kind auf verständliche Weise vermitteln, was sie bei Tisch von ihm wollen.*

- *Wie Eltern auch bei Tisch ein gutes Vorbild sind.*

- *Was Eltern tun können, deren Kind ein moderner Zappelphilipp mit der Diagnose ADS ist.*

Erziehung am Esstisch?

Es gibt viele Situationen im Verlauf eines Tages, um auf Kinder erzieherisch einzuwirken. Häufig wird dafür die Essenszeit gewählt, vorzugsweise das Abendessen. Das hat seinen guten Grund. Der Tag neigt sich dem Ende zu, Eltern wie Kinder atmen auf, weil jetzt die Zeit der Entspannung anbricht. Die Handys klingeln nicht mehr oder zumindest nicht mehr so oft. Das flüchtige Aneinandervorbeirennen hört auf, eine Pause im hektischen Tagesablauf entsteht. Diese Pause dient nicht nur zum Abschalten, sondern auch dazu, dass die ganze Familie wenigstens einmal am Tag zusammen am Tisch sitzt.

Manche Eltern nutzen diese Gelegenheit für einen »großen Erziehungsauftritt«. Kindergartenprobleme und Schulnoten werden nun angesprochen und besprochen. Diskussionen, mit dem Kind und über den Kopf des Kindes hinweg, werden geführt. Kinder werden getadelt, geschimpft, und manchmal hagelt es dabei auch gegenseitige Vorwürfe unter den Eltern: »Du überlässt die ganze Erziehung mir!« Alle wichtigen Themen konzentrieren sich auf einmal auf diese Zeit des Tages. Kein Wunder, dass Kinder dann unruhig werden und herumzuzappeln beginnen. Am liebsten würden sie sich aus dieser angespannten Situation wegstehlen. Vor allem Einzelkinder sind es leid, bei Tisch stets im Mittelpunkt zu stehen.

➤ Wenn sich die Familie gemeinsam zum Essen an den Tisch setzt, sollten alle auch sitzen bleiben und nicht ständig einer aufspringen (»Oh, ich hab was vergessen. Bin gleich wieder da!«). Diese Gemeinsamkeit sollte vor allen Dingen dafür genutzt werden, einander die Erlebnisse des Tages zu erzählen. Kritik, Vorwürfe, Nörgeleien und Besserwisserei haben am Esstisch nichts verloren.

Wenn wichtige Gespräche mit Ihrem Kind anstehen, dann machen Sie das am besten im Kinderzimmer oder setzen sich gemeinsam auf die Wohnzimmercouch. Hier können Sie in Ruhe all das ansprechen, was Ihnen auf dem Herzen liegt. Ein Kind ist dann nicht der ganzen Familie ausgeliefert, es steht nicht direkt im Mittelpunkt und kann abgesehen davon in aller Ruhe essen.

Wenn bei Tisch doch einmal etwas hochkocht oder Ihr Kind vielleicht losweint, weil etwas Schlimmes in der Schule passiert ist, dann unterbrechen Sie das Essen für einen Moment, nehmen das Kind in den Arm und essen erst weiter, wenn es sich wieder beruhigt hat.

Die Kommunikation in der Familie

»Ob der Philipp heute still wohl beim Essen sitzen will?« Dieser Satz aus der Geschichte vom Zappelphilipp ist ein gutes Beispiel dafür, wie innerhalb der Familie nicht miteinander gesprochen werden sollte. Ein Vater redet sein Kind nicht direkt an, sondern spricht von ihm in der dritten Person, so als ob es gar nicht anwesend, als ob es Luft wäre.

Sie kennen das vielleicht auch von sich selber. Sie setzen sich an den Tisch und sagen halblaut: »Na mal sehen, ob heute wieder gekleckert wird.« Obwohl niemand gezielt angesprochen wird, weiß ein Kind genau, wer damit gemeint ist. Gut möglich, dass Sie das von Ihren eigenen Eltern übernommen haben. Denn früher war es eher üblich, dass sich die Eltern mit dieser Art der Kommunikation auf eine höhere Position als die Kinder begaben, anstatt auf Augenhöhe mit den Kindern. Und wahrscheinlich erinnern Sie sich auch noch daran, wie klein und unbedeutend Sie sich fühlten, wenn über Ihren Kopf hinweg über sie geredet wurde.

Diese Art, ein Kind nicht direkt anzusprechen, transportiert nämlich noch eine zweite Botschaft. Solche Sätze sind nicht aufmunternd, motivierend, wertschätzend, sondern sagen in Wirklichkeit aus: »Eigentlich glaube ich nicht, dass du es heute schaffst, mal nicht zu kleckern …«

Wenn Sie mit Ihrem Kind – und dies gilt im Prinzip auch für alle anderen Menschen – sprechen, dann formulieren Sie am besten »Ich-Botschaften«. Sagen Sie: »Ich fühle mich gestört, wenn du so herumzappelst«, anstatt: »Du nervst!« Auf diese Weise lernt Ihr Kind die Befindlichkeiten der anderen Menschen in seinem Umfeld kennen. Und es lernt zudem, seine eigenen Bedürfnisse und Gefühle direkt auszusprechen und nicht über Drumherumreden, Schuldzuweisungen, Opferhaltung oder Doppelbotschaften zu kommunizieren.

Eine Doppelbotschaft zeichnet sich dadurch aus, dass der Mund etwas anderes sagt, als der Körper zeigt. »Ich hör dir zu«, sagt der Vater und liest gleichzeitig seine Post beim Essen.

Sich selbst erfüllende Prophezeiungen

»Ich gehe jede Wette ein, gleich zanken die sich wieder!«, sagt die Mutter, während die Kinder aus dem Raum stürmen. Tatsächlich – nach wenigen Minuten ist lautes Geschrei zu hören. Das feine Geschirr ist aufgedeckt. »Was wohl heute wieder zu Bruch geht«, sagen Sie, und plumps, die erste Tasse liegt schon auf dem Boden.

Zu Beginn dieses Buches war vom bildhaften Lernen die Rede. Das trifft auch für diese Beispiele zu. Es wird eine Situation beschrieben, die dann tatsächlich einsetzt. Man nennt das auch sich selbst erfüllende Prophezeiung. »Ob du wohl wieder rumhampeln wirst?« ist genau so ein Satz. Er verleitet das Kind dazu, sofort mit der Zappelei zu beginnen.

In der Regel verstärkt sich immer das, was angesprochen wird. Das gilt aber auch für den umgekehrten Fall: Wenn Sie beim Sprechen mit Ihrem Kind auf dessen bereits vorhandene Fähigkeiten abzielen, wirkt das ebenfalls wie eine sich selbst erfüllende Prophezeiung. Sagen Sie deshalb statt der erwähnten Beispielsätze lieber: »Ich glaube, die Kinder lernen immer besser, ohne Streitigkeiten miteinander auszukommen.« – »Das Kind kann schon richtig gut mit dem Geschirr umgehen.« – »Du sitzt immer häufiger ruhig am Tisch.«

»Gute« Tischmanieren für die ganze Familie

Die Zusammenkunft am Esstisch ist für viele Eltern ein wichtiges Familienritual, bei dem sie sich auch eine harmonische Atmosphäre und die Einhaltung von Benimmregeln wünschen. Oft zeigen die Eltern aber genau das Verhalten bei Tisch, das sie ihren Kindern verbieten. Sie stehen während des Essens immer wieder auf, gehen ans Telefon, machen sich Notizen, lesen vielleicht sogar nebenher die Zeitung.

Leben Sie Ihren Kindern das vor, was Sie sich am Tisch – und auch sonst – von Ihren Kindern wünschen. Hier ein paar Tipps für Regeln bei Tisch, die dann für alle Familienmitglieder gelten sollten:

- Wir bleiben gemeinsam am Tisch sitzen, bis der Nachtisch aufgegessen ist.

- Wir versuchen, nicht alle durcheinanderzureden.

- Jeder stellt auch mal eine Frage und redet nicht nur von sich.

- Wir gehen am Tisch höflich miteinander um. Wir sagen »Bitte« und »Danke« und »Guten Appetit«.

● Wenn das Telefon während des Essens klingelt, lassen wir den Anrufbeantworter rangehen. Das Handy bleibt beim Essen aus.

● Um Zeitung oder Comics zu lesen, ist vor oder nach dem Essen Zeit.

➤ Sorgen Sie dafür, dass Ihr Kind genauso bequem am Tisch sitzt wie Sie. Kann es seine Beine aufstellen? Ist die Lehne des Stuhls gut erreichbar. Kommt das Kind gut an den Teller?

ADS oder der moderne Zappelphilipp

Der Zappelphilipp aus dem »Struwwelpeter« hat eine traurige Berühmtheit erlangt. Heute versteht man unter einem Zappelphilipp ein Kind, das ADHS oder ADS hat. Die Abkürzung steht für **A**ufmerksamkeits-**D**efizit-**S**yndrom und wird auf Kinder angewandt, die hyperaktiv sind und/oder sich nicht konzentrieren können.

Kaum eine Veröffentlichung über ADS seitens der Befürworter wie der Gegner der medikamentösen Problemlösung lässt den Zappelphilipp aus dem »Struwwelpeter« unerwähnt. Alle glauben zu wissen, was man unter einem Zappelphilipp versteht. Doch nicht jedes Kind, das nicht stillsitzen kann oder Schwierigkeiten hat, sich zu konzentrieren, leidet gleich an einer gesundheitlichen Störung. Der Grund für sein Verhalten kann auch schlicht Langeweile, Über- und ebenso Unterforderung sein.

Durch die vorschnelle Diagnose »ADS« befreien sich viele Eltern von der Verantwortung, sich in Gesprächen und Reflexionen mit den Bedingungen von Erziehung zu befassen. Für Krankheiten kann man schließlich nichts. Und für deren Behandlung gibt es ja medizinische oder therapeutische Maßnahmen.

Lale ist ein munteres Kind. Viel zu munter, findet die Tages-
mutter. Lale kann sich nicht konzentrieren. Sie lässt sich
leicht ablenken und malt kein Bild fertig oder macht kein
Puzzle zu Ende. »Sie wird in der Schule Schwierigkeiten ha-
ben!«, meint die Tagesmutter. »Sie müssen etwas unterneh-
men. Sprechen Sie mit dem Kinderarzt.« Außerdem sollten
ihrer Ansicht nach die Eltern auch strenger mit Lale sein und
mehr auf Ordnung im Kinderzimmer achten. »Lassen Sie
sich doch nicht so von Lale auf dem Kopf herumtanzen!«

Die Eltern sind verunsichert. So hatten sie das Verhalten
ihrer Tochter noch nie gesehen. Aber wenn es mit der Schule
Probleme geben würde, das wäre in der Tat nicht gut.

Eltern unter Druck

Wenn es Probleme mit den Kindern gibt, entwickeln Eltern
schnell Schuldgefühle, denn sie wollen schließlich fürsorgliche
und aufmerksame Eltern sein – kurzum: die besten Eltern für
ihr Kind. Leider tragen manche »Erziehungsratschläge« nicht
immer dazu bei, Schuldgefühle zu verringern. Erziehungsratge-
ber, die vermitteln, wie »gute« Eltern »richtig« vorzugehen hätten, können Schuldgefühle noch verstärken.

Der Wunsch und die Notwendigkeit, ihre Kinder optimal
auf das Leben und den schulischen Erfolg vorzubereiten, erhö-
hen noch den Druck und treibt viele Eltern dazu, alles auszuprobieren, um die optimalen Fördermöglichkeiten für ihr Kind
zu finden. Unterschiede in den Begabungen von Kindern und
bei der Entwicklung von Fähigkeiten werden mit Besorgnis betrachtet und als »problematisch« behandelt. Dabei ist es völlig
normal, verschieden zu sein. Jeder Mensch unterscheidet sich
vom anderen, und jedes Kind auch.

Wie Sie Ihrem kleinen Zappelphilipp helfen können

Ob ein Kind sich »angemessen« konzentrieren kann, ob es nur einen erhöhten Bewegungsdrang besitzt oder ob es tatsächlich unruhig und unkonzentriert ist, hängt von vielen Bedingungen in seiner Lebenswelt ab. Kinder, die zum Beispiel eine ausgeprägte Fantasie haben, langweilen sich im Deutschunterricht zu Tode, wenn gerade Grammatikregeln behandelt werden. Sie zappeln herum, malen, schwätzen mit dem Banknachbarn – anders halten sie diesen für sie öden Stoff einfach nicht aus. Geht es im Unterricht dagegen darum, eine Geschichte zu erfinden, dann zeigen sich diese Kinder höchst konzentriert. (Möglicherweise zappeln nun die anderen Kinder herum, die, die gut in Mathe und Grammatik sind.)

Dennoch müssen Kinder lernen, ihren Bewegungsdrang zu kontrollieren. »Lernen« ist dabei wörtlich gemeint. Denn es handelt sich hier um einen Prozess und nicht um eine Eigenschaft, die ihnen von Geburt an mitgegeben ist. Wie so oft in der Erziehung geht es hier wieder um eindeutige Kommunikation zwischen Eltern und Kind. Nur so finden Sie nämlich heraus, ob die Unruhe und Unkonzentriertheit Ihres Kindes durch Erziehung steuerbar ist oder andere Gründe hat.

Machen Sie klare und eindeutige Aussagen

Was stört Sie genau, wenn Ihr Kind unruhig ist? Das Schaukeln mit dem Stuhl, das die Gefahr birgt, dass das Kind hintenüberfällt? Das Herumzappeln, das Sie selbst ganz nervös macht? Benennen Sie es ganz konkret, etwa indem Sie sagen: »Ich sehe, dass du nicht stillsitzen kannst. Dabei kann es aber passieren, dass der Stuhl mit dir nach hinten kippt, und dann tust du dir sehr weh.« Oder: »Steh doch lieber mal kurz auf, und beweg deine Beine ein bisschen. Ich bin dann auch ruhiger.«

Tipps für eine gute Kommunikation zwischen Eltern und Kind

● Hören Sie Ihrem Kind gut zu, und helfen Sie ihm dabei, seine Gefühle zu bemerken und anzusprechen. Auf diese Weise lernt das Kind, seine Gefühle wahrzunehmen und in Worte zu fassen.

● Vermeiden Sie Drohungen, Warnungen und Befehle.

● Verwenden Sie Ich-Botschaften (siehe Seite 46f.).

● Setzen Sie wenige, aber klare Regeln und Grenzen.

● Achten Sie darauf, Ihr Kind bei der Einhaltung von Regeln zu ermutigen und ermuntern.

● Nehmen Sie Blickkontakt mit dem Kind auf, wenn Sie mit ihm reden, und suchen Sie die gleiche Augenhöhe.

● Bleiben Sie freundlich, aber bestimmt und konsequent.

● Nicht so viel reden, sondern im Sinne der ausgemachten Konsequenzen handeln.

● Geben Sie Ihrem Kind Wahlmöglichkeiten.

● Auch beim Loben konkret sein: Sagen Sie nicht »Super« oder »Braver Junge!«, sondern: »Es war toll, wie du dir mit Sarah die Spielsachen geteilt hast. Wenn man nett zu anderen ist, hat man doch gleich mehr Spaß miteinander.«

● Nehmen Sie Rücksicht auf Ihr Kind, indem Sie es nicht in seinen Möglichkeiten überfordern.

● Vermeiden Sie Konkurrenzdenken und Bemerkungen, die das Kind in einem Misserfolg bestätigen, zum Beispiel: »Du bist ja auch viel kleiner als Tom, kein Wunder, dass der das viel besser kann.«

Oder Sie versuchen dem Grund für die Unruhe Ihres Kindes durch Nachfragen auf die Spur
zu kommen: »Kann es sein, dass du unbequem
sitzt? Möchtest du dich vielleicht lieber auf deinen
kleineren Stuhl am Kindertisch setzen?«

Mit diesen klaren und eindeutigen Aussagen
bringen Sie das Verhalten des Kindes zum Ausdruck
und weisen darauf hin, welche Auswirkungen sein Verhalten
auf Sie und auf das Kind selbst hat. Ihre Äußerungen weisen das
Kind zudem auf Alternativen und eigene Kontrollmöglichkeiten
hin. Dadurch eröffnen Sie die Möglichkeit zu einem Gespräch.

Wenn Gespräche allein nicht helfen

Sicherlich gibt es für Zappeleien und Unruhe bei Kindern auch
schwerwiegendere Ursachen als Langeweile bei Tisch. Reizüber-
flutung und eingeschränkter Bewegungsdrang lauten die Stich-
worte. Der erhöhte und frühzeitige Fernsehkonsum führt zum
Beispiel zu einer Vielzahl an Informationen, die vom Kind nicht
mehr in und durch Bewegung verarbeitet werden können. Die
Spielmöglichkeiten in unseren Städten sind eingeschränkt. Computerspiele erregen die Sinne, die motorischen Reaktionen werden aber bestenfalls mit den Händen gesteuert. Diese Faktoren
sind mit ein Grund, dass es heute immer mehr Kinder gibt, deren »innere Unruhe« nur oder vorwiegend durch Medikamente
kontrolliert wird.

Auffallend ist, dass immer mehr schulpflichtige Kinder die
Diagnose ADS erhalten. In einer neueren Broschüre der Phar-
maindustrie wird von 500 000 »Fällen«, also mindestens einem
Schüler pro Klasse, gesprochen.

Die Medikamente können in der Tat Bewegungsdrang und Konzentration beeinflussen, manchmal sind sie auch angezeigt, um die Aufmerksamkeit eines Kindes überhaupt wieder auf Lernprozesse lenken zu können. Doch wie bei allen Medikamenten ist es notwendig, auf die Risiken und Nebenwirkungen zu achten. Und deren Auflistung legt einen vorsichtigen und verantwortungsvollen Umgang mit diesen Psychopharmaka nahe.

Was ein Kind durch Tabletteneinnahme allerdings nicht lernt, ist, sich selbst besser zu kontrollieren. Viele Ärzte sehen deshalb mit Besorgnis, wie zunehmend mehr Eltern eine medikamentöse Therapie der Konzentrationsprobleme ihrer Kinder fordern. Viele Lehrer teilen diese Besorgnis und befürchten eine medizinisch-therapeutische Lösung sozialer Konflikte, bildungspolitischer Versäumnisse und pädagogischer Herausforderungen. Neulich sagte ein Junge: »Manchmal bin ich so wütend, dass ich unseren Dackel am liebsten prügeln würde. Aber dann sagt meine Mama: ›Geh ins Bad und nimm deine Tabletten.‹ Und dann nehme ich meine Tabletten, und dann kann ich mich mit dem Hund wieder vertragen.«

Die Geschichte vom Hans Guck-in-die-Luft

Oder:

Vom Träumen und Wach-Sein

Wenn der Hans zur Schule ging,
Stets sein Blick am Himmel hing.
Nach den Dächern, Wolken, Schwalben
schaut er aufwärts, allenthalben:

Vor die eignen Füße dicht,
ja, da sah der Bursche nicht,
Also daß ein jeder ruft:
»Seht den Hans Guck-in-die-Luft!«

Kam ein Hund dahergerannt;
Hänslein blickte unverwandt
In die Luft.
Niemand ruft:
»Hans, gib acht, der Hund ist nah!«
Was geschah?
Pauz! Perdauz! – Da fliegen zwei!
Hund und Hänschen nebenbei.

Einst ging er an Ufers Rand
Mit der Mappe in der Hand.
Nach dem blauen Himmel hoch
Sah er, wo die Schwalbe flog,
Also daß er kerzengrad
Immer mehr zum Flusse trat.
Und die Fischlein in der Reih
Sind erstaunt sehr, alle drei.

Noch ein Schritt! Und plumps! Der Hans
Stürzt hinab kopfüber ganz! –
Die drei Fischlein sehr erschreckt
Haben sich sogleich versteckt.

Doch zum Glück da kommen zwei
Männer aus der Näh herbei,
Und sie haben ihn mit Stangen
Aus dem Wasser aufgefangen.

Seht! Nun steht er triefend naß!
Ei! Das ist ein schlechter Spaß!
Wasser läuft dem armen Wicht
Aus den Haaren ins Gesicht,
Aus den Kleidern, von den Armen;
Und es friert ihn zum Erbarmen.

Doch die Fischlein alle drei,
Schwimmen hurtig gleich herbei;
Strecken 's Köpflein aus der Flut,
Lachen, daß man's hören tut,
Lachen fort noch lange Zeit;
Und die Mappe schwimmt schon weit.

Worum es in dieser Geschichte geht

Ein Junge lässt sich auf seinem Schulweg immer wieder von den Vögeln und den Wolken, die sich am Himmel tummeln, ablenken. Weil er nicht auf den Weg, sondern nach oben schaut, hat man ihm den Spitznamen Hans Guck-in-die-Luft gegeben. Eines Tages, als das Kind wieder vor sich hin träumt und nicht achtgibt, wo es hinläuft, stürzt es in einen Fluss.

Was diese Geschichte Eltern heute sagen kann

- Warum Kinder gerne vor sich hin träumen.

- Was für verträumte Kinder typisch ist.

- Welche Gefahren sich im Alltag für verträumte Kinder ergeben.

- Wie man ein träumendes Kind in die Realität zurückholt.

- Wie sich das Vor-sich-hin-Träumen eines Kindes sinnvoll lenken lässt.

- Warum die Fähigkeit zum Träumen ein wertvolles Potenzial ist.

Träumend die Realität vergessen

Träume gestalten nicht nur unseren Schlaf, sondern auch unser Leben. Wir können uns in Traumbildern vorstellen, wie etwas sein könnte. Wünschenswerte oder beängstigende Situationen können durch Tagträume besser verarbeitet werden. Allerdings sind wir immer dann, wenn wir uns einfach mal wegträumen, nicht ganz »da«, weil uns der Tagtraum wie in Trance aus der Lebensrealität entführt.

Was Erwachsene noch einigermaßen gut regeln können, nämlich blitzartig wieder hellwach und im Hier und Jetzt sein, fällt Kindern noch schwer. Vor sich hin zu träumen kann deshalb für sie im falschen Moment eine große Gefahr darstellen. Ein Kind kann zum Beispiel ins Wasser fallen oder in ein Auto laufen.

Wachsamkeit ist wichtig

Schon früh im Leben ist es wichtig, wachsam zu sein. Nicht nur, um Gefahren zu vermeiden, sondern auch, weil man sonst eine ganze Menge versäumt. Man passt in der Schule nicht richtig auf, streckt den Finger nicht schnell genug in die Höhe, muss zehnmal nachfragen, wie die Hausaufgaben lauten, und ist auch bei Sport und Spiel, wo es auf Reaktionsschnelligkeit ankommt, nicht gerade ein Wunschkandidat.

Verträumte Kinder sind oft in allem langsamer. Sie hängen in Gedanken über etwas nach und verlangsamen dabei ihre Bewegungen. Sie gehen langsamer, bekommen etwas nicht mit, reagieren nicht fix. Das ist nicht immer so – nur eben, wenn sie vor sich hin träumen. Denn dann befinden sie sich in einer anderen Welt. »Wo bist du denn gerade wieder?«, werden diese Kinder genervt gefragt. Dann bekommt man eine Antwort oder

auch nicht, denn ein Kind, das in dieser anderen Welt
versunken ist, kann (oder will) nicht immer verbalisie-
ren, wo es mit seinen Gedanken gerade ist.

Auch die schulischen Leistungen von verträum-
ten Kindern bleiben oft hinter den Erwartungen zurück. Nicht,
dass sie prinzipiell schlechtere Noten schreiben, aber da sie sich
auch im Unterricht oft wegträumen, entgeht ihnen viel von dem,
was der Lehrer sagt. Unter Klassenarbeiten oder in den Zeug-
nissen ist dann häufig zu lesen:

- »… ist mit der Aufgabe nicht fertig geworden.«

- »… hat sich zu lange bei Aufgabe 1 aufgehalten und Aufgabe 2 nur halb gelöst.«

- »… meldet sich nur zögerlich.«

- »… nimmt am Unterricht nur verhalten teil.«

- »… muss zu Wortmeldungen aufgefordert werden.«

Die Sorge der Eltern

Verträumte Kinder reagieren auf Impulse, denen sie folgen und
von denen sie sich verführen lassen. Damit verfügen sie einerseits über eine reiche Innenwelt, andererseits birgt die Außen-
welt für sie viele Gefahren. Eltern, die ein verträumtes Kind haben, fühlen sich deshalb permanent in der Pflicht, *für* ihr Kind
wachsam zu sein. Sie wollen dann vier Augen offen haben und
nicht nur zwei. Wollen für ihr Kind mitsehen. Oder mit dem
Kind mitgehen.

Nicht nur in der Großstadt, auch in ländlichen Gebieten
kann es ausgesprochen gefährlich werden, wenn ein Kind auf
dem Schulweg vor sich hin träumt und nicht auf den Verkehr

achtet. Oder wenn es trödelt und dann den Schulbus verpasst und den Weg zu Fuß zurücklegen muss. Und selbst wenn die Eltern ihr Kind begleiten, müssen sie ständig rufen: »Geh doch endlich schneller! Wo bleibst du denn?«

Die Mutter von Thea wird fast verrückt. Jeden zweiten Tag bekommt sie einen Anruf von der Schule, dass ihre Tochter wieder einmal nicht pünktlich zum Unterricht erschienen ist. Thea ist acht Jahre alt, aber was ihre Verträumtheit angeht, könnte sie auch erst fünf sein. Sie lässt sich auf dem Weg zur Schule ständig aufhalten. Weil sie schöne Blümchen am Wegesrand entdeckt oder einer schnurrenden Katze begegnet, die um ein paar Streicheleinheiten buhlt. Die Wolken am Himmel sind so faszinierend, dass sie die Uhrzeit vergisst. Wenn Thea sich in der Schule langweilt, dann träumt sie sich einfach weg. Dafür muss sie nicht einmal aus dem Fenster sehen. Sie kann sich aus dem Stegreif »wegbeamen« und ist dann einfach nicht mehr »da«. Erst wenn die Lehrerin Thea am Arm anfasst und anspricht, kehrt sie von ihren »Ausflügen« zurück.

Ein Namensvetter für verträumte Kinder

Kinder, die vor sich hin trödeln und »Löcher in die Luft starren«, werden oft mit dem Verweis auf den verträumten Hans im »Struwwelpeter« ermahnt: »Sei kein Hans Guck-in-die-Luft!« Das Kind versteht jedoch nicht, was mit dieser Titulierung gemeint ist, denn sie wirkt nur wie ein Etikett und besagt nicht, was das Kind anders machen soll.

Auch mit Aufforderungen wie »Pass auf, wo du hingehst!«, »Schau auf den Weg!«, »Trödel nicht!«, »Träum nicht« oder »Lass dich unterwegs nicht aufhalten« kann ein verträumtes Kind wenig anfangen. Denn es weiß nicht, welche Gedankengänge dahinterstecken. Eltern könnten beispielsweise Angst haben, dass dem Kind etwas passiert, wenn es auf dem Weg unachtsam ist.

Wieder einmal kommt es auf direkte und eindeutige Kommunikation (siehe auch Seite 128f.) an. Sagen Sie deshalb auch in diesem Fall nicht das, was Sie *nicht* wollen, sondern das, was Sie *wollen*:

- »Pass auf, wo du hingehst!« – »Schau immer mal wieder auf den Weg, damit du nicht stolperst.«

- »Schau auf den Weg!« – »Es gibt hier viele Unebenheiten.«

- »Trödel nicht!« – »Die Schule fängt um acht Uhr an. Wenn du dich unterwegs nicht aufhalten lässt, wirst du pünktlich da sein.«

- »Lass dich unterwegs nicht aufhalten!« – »Ihr könnt zusammen plaudern, aber das könnt ihr auch während des Gehens machen.«

- »Träum nicht!« – »Sei mit deinen Gedanken ganz wach. Auf der Straße ist das wichtig.«

Die Welt mit Kinderaugen

Stellen Sie sich vor, Sie kommen in ein fremdes Land, vielleicht in ein orientalisches oder ein anderes, über das Sie noch sehr wenig wissen. Ein paar Dinge können Sie bereits einordnen, aber daneben gibt es eine ganze Menge, worüber Sie staunen und was immer wieder Ihren Blick gefangenhält.

So ähnlich muss es Kindern ergehen. Sie sind von dieser Welt, in der sie ja erst eine kurze Zeitspanne leben und in der sie sich noch kürzer selbstständig bewegen, völlig fasziniert. Es gibt unendlich viel zu betrachten und bewundern. Da ist nichts, was ein Kind – wie wir Erwachsene – schon hundertmal gesehen hätte. Jeder Schmetterling ist neu, jeder Käfer, jeder Stein eine völlig neue Erfahrung. Kein Wunder, wenn ein Kind darüber so schnöde Realitäten wie in die Schule gehen, Hausaufgaben machen oder ins Bett gehen glatt vergisst. Die Welt mit ihren vielfältigen Eindrücken ist für ein Kind ein riesiges Bouquet.

Diese Neugier, dieses Staunen und diese Entdeckerfreude ist es doch, was wir Erwachsenen uns gerne bewahrt hätten. »Man kann von Kindern so viel lernen!«, hört man immer wieder. Aber genau das, worum wir Kinder beneiden, nämlich dass sie sich in Zeit und Umgebung verlieren können, versuchen wir ihnen auszutreiben.

In die Rolle des Kindes schlüpfen

Versuchen Sie wenigstens zeitweise, die Welt mit den Augen Ihres verträumten Kindes zu sehen. Nicht nur, damit Sie Ihr Kind besser verstehen, sondern auch für Ihr eigenes Vergnügen. Ist es nicht der pure Luxus, einmal nicht von Punkt A nach Punkt B zu hetzen, sondern stehen zu bleiben, den Kopf gen Himmel zu heben und zu schauen, wie die Wolken aussehen. Eigene Wetterbeobachtungen zu machen, anstatt das Wetter nur als Wetterkarte auf dem Fernsehschirm zu verfolgen. Bringen Sie sich dieses neugierige Schauen mit kindlichem Blick und kindlichem Gemüt wieder ab und zu in Erinnerung. Nehmen Sie sich Zeit, um durch die Welt zu schlendern, und proben Sie das Trödeln. Sie werden ganz sicher viel Neues entdecken. Zum Beispiel Käfer, Schmetterlinge und kleine Steinchen.

Zurück zur Langsamkeit

Unsere Welt ist voller Stoppuhren und Zeitpläne. »Zeitmanagement« und »Effizienz« sind allgegenwärtige Schlagworte. Die Zeit ist knapp, zum Trödeln keine Zeit. Oder doch?

Haben Sie schon von dem neuen Trend »Slow-Motion« gehört? »Slow-Motion« will Erwachsenen das Trödeln und Träumen wieder beibringen. Menschen, die mit ihren Sinnen nur noch auf das Außen fixiert waren, lernen, sich wieder in sich zurückzuziehen und eine vergessene Bewegung wiederzuentdecken: die Langsamkeit. Sie lernen, nicht zu hetzen, sondern ihren ganz persönlichen Rhythmus zu spüren. Statt all das zu beschreiben, was sie mit ihren Augen sehen, sollen sie darauf achten, welche Bilder sich in ihnen entwickeln.

Möglicherweise spürt Ihr verträumtes Kind diesen persönlichen Rhythmus und kann die inneren Bilder wahrnehmen. Dann verfügt es bereits über ein besonders Potenzial. Nur kann es mit diesem Potenzial noch nicht richtig umgehen. Doch Sie als Eltern können ihm den Umgang mit seiner verträumten Seite und den verträumten Zeiten beibringen. Nebenbei werden Sie viel von Ihrem Kind erfahren, denn es sind doch die Träume die auch von unausgesprochenen Ängsten und Wünschen erzählen.

Mit kindlicher Verträumtheit hilfreich umgehen

Wir leben in einer Welt, die Anpassung verlangt. »Der Zug wartet nicht!«, heißt es. Doch jeder Mensch hat einen anderen Rhythmus, nicht alle Bedürfnisse sind gleich. Zunächst einmal sollten Sie sich darüber freuen, dass sich Ihr verträumtes Kind so vielen Dingen in aller Ruhe widmen kann. Sich einer Sache aufmerksam hinzugeben, ist ein Talent. Sie haben sicher schon gehört, dass einige der wichtigsten Erfindungen in den Träumen der Forscher ihren Ursprung haben. Im Sichversenken, sei es in sich selbst oder in eine Tätigkeit, liegt außerdem eine große Kraft verborgen. Hinderlich wird diese Kraft nur, wenn wir sie nicht zu steuern wissen und sie die Übermacht gewinnt.

Die Kraft des Träumens soll deshalb auch bei einem Kind nicht unterdrückt werden, aber sie muss kanalisiert werden. Überlegen Sie gemeinsam mit Ihrem Kind, welches der beste Umgang mit seiner Fähigkeit zum Tagtraum ist. Was Sie gemeinsam tun können, um die Träume Ihres Kindes für kreatives Handeln und das Spielen mit Möglichkeiten nutzbar zu machen. Sehen Sie in der Kraft zum Träumen eine Kompetenz Ihres Kindes, die Sie gemeinsam weiterentwickeln können. Und: Bleiben Sie entspannt – das Leben rennt nicht davon!

Tipps für den Umgang mit verträumten Kindern

- Finden Sie heraus, in welchen Situationen Ihr Kind träumt und in welchen nicht.

- Was macht Ihr Kind, wenn es vor sich hin träumt? Untersucht es einen Gegenstand? Beobachtet es etwas?

- Helfen Sie Ihrem Kind, Alternativen zum Träumen zu finden, wenn es sich auf diese Weise vor etwas drücken will.

- Versuchen Sie, Ihrem Kind aktivere Strategien aufzuzeigen, anstatt etwas »auszusitzen«.

Bin ich wach oder träume ich?

Die Zeit zum Träumen können Sie schlecht vorgeben, aber Sie können Ihrem Kind helfen, seine »Traumzeiten« zu finden. Zunächst muss das Kind unterscheiden lernen, wann es wach ist und wann es sich wegträumt, indem ihm diese Momente bewusst gemacht werden. Bei den Hausaufgaben beispielsweise kann das so klingen: »Jetzt bist du ganz da. Merkst du das? Du schaust mir in die Augen, und ich schau dir in die Augen. Wir sehen und hören uns. Was nehmen wir sonst noch alles wahr?« Sie können die bewusste Wahrnehmung auch in ein Spiel verwandeln. Schauen Sie sich um, oder stehen Sie auf, und gehen Sie mit dem Kind durch das Zimmer, wobei Sie gemeinsam benennen, was Sie alles sehen.

»Woran hast du gemerkt, dass du eben geträumt hast?«, lautet die andere Frage. Lassen Sie sich von Ihrem Kind erzählen, an was es eben dachte, was es sich gerade vorstellte, wo es in seinen Gedanken in dem Moment war. Fragen Sie weiter: »Wie hat sich das angefühlt? Was ist dann anders im Vergleich zum Wachsein?«

Entscheidend ist, dass Ihr Kind lernt, diese beiden Seinszustände voneinander zu unterscheiden. Also spielen Sie wieder mit ihm: Jetzt sind wir wach, und nun träumen wir uns weg. »Kannst du das auf ein Zeichen von mir?« Schnipsen Sie mit den Fingern: wach, träumen, wach, träumen usw.

Träumen erlaubt?

Was Ihr Kind im Spiel kann, das kann es auch allein. Es hat gelernt, dass »wach sein« etwas anderes ist als »träumen«. Machen Sie dann mit ihm eine Liste: Wo darf man *nicht* träumen (auf dem Schulweg, in der Schule, im Straßenverkehr etc.)? Wann *darf* man träumen (beim Malen, beim Spielen, beim Musikhören etc.)? Finden Sie heraus, bei welchen Gelegenheiten Ihr Kind am liebsten träumt, und klären Sie mit ihm, ob diese Zeiten passend sind oder nicht.

»Hast du's eben gemerkt?« So kann die Frage lauten, damit Ihr Kind von allein darauf kommt, dass es gerade geträumt hat. Machen Sie das am besten in Situationen, in denen nicht geträumt werden darf. Loben Sie Ihr Kind, wenn Sie merken, dass es in einer solchen Situation hellwach ist: »Das ist toll, dass du so aufmerksam bist, wenn wir über die Straße gehen!«

Das Talent zum Träumen positiv nutzen

Die Kraft der Imagination ist unbestritten. Sich vorzustellen, dass man ein Ziel erreicht, einen bestimmten Erfolg erlebt, dass man wieder gesund wird, dass man heil über eine schwierige Zeit kommt, dass sich ein Wunsch erfüllt, kann sehr hilfreich dafür sein, dass diese kleinen oder großen Wunder tatsächlich geschehen. Manchen Menschen fällt es leicht, sich in eine andere Welt zu träumen. So wie vielleicht Ihrem Kind. Andere müssen diese Imaginationen langsam lernen, weil sie sich lieber an reale Bilder halten.

Wenn Ihr Kind mit Ihrer Hilfe immer besser lernt, den wachen Zustand vom träumenden Zustand zu unterscheiden, kann ihm das Träumen eine gute Hilfe zur Regeneration sein, etwa nach einem anstrengenden Schultag. Es gibt Kinder, die tauchen beim Basteln und Malen komplett weg, sehen und hören nichts mehr. Erkennen Sie die Verträumtheit Ihres Kindes deshalb auch als eine Fähigkeit an, die ihm helfen wird, gelassen und gesund zu bleiben.

Nehmen Sie sich vor, Ihr Kind an genau diese Fähigkeit zu erinnern, wenn es erwachsen ist. Es wird in der Lebenshektik genau diese Gabe vielleicht vergessen haben und dankbar sein, wenn es wieder darauf zurückgreifen kann.

Stundenplan mit Traumstunden

Jeder Tag hat viele Stunden, in denen wir hellwach sein müssen. Daneben gibt es die Momente und Stunden, in denen Träumen erlaubt ist. Haben Sie sich mit Ihrem Kind schon einmal einen Tagesablauf genau betrachtet? Und vielleicht eine Art Stundenplan aufgestellt, wann alles an der Reihe ist? Halten Sie mit Ihrem Kind diese Wach- und Traumstunden am besten mit farbigen Stiften fest. Die wachen Stunden sind dann vielleicht die grünen. Die Traumstunden können rosa oder hellblau sein. Anhand der Farben kann das Kind nun erkennen, wann die Traumzeit vorbei ist und in welchen Stunden es träumen darf. Zum Beispiel nach dem Mittagessen, am Nachmittag, bevor es die Schulaufgaben macht, oder vor dem Einschlafen. Es kann auch sein, dass Ihr Kind morgens nach dem Aufwachen noch eine Traumzeit braucht, damit es gut in den Tag hinüberkommt.

Woran Sie merken, dass Ihr Kind ganz wach ist? Ganz sicher an seinen Augen. Sein Blick ist dann klar, die Pupillen sind auf Sie gerichtet. Wenn die Augen wandern, dann kann es sein, dass Ihr Kind einen Moment nachdenkt. Es sollte aber bald wieder mit dem Blick zu Ihnen zurückkehren, denn erst dann kann es Ihnen aufmerksam zuhören und alles mitbekommen. Kinder, die ins Träumen abdriften, bewegen sich oft auch langsamer, sie trödeln, schlurfen mit den Füßen. Die ganze Koordination scheint verlangsamt. Wache Kinder sind hingegen reaktionsschneller und springen eher herum.

Aus der Träumerei aufwecken

Manche Kinder müssen angefasst werden, so wie die kleine Thea, damit sie aus ihrer Traumwelt zurückkehren. Viele Kinder (und auch Erwachsene) reagieren schneller, wenn man sie beim Ansprechen sanft berührt. Die Betonung liegt dabei auf »sanft«, um das Kind nicht zu erschrecken. Häufig sind nämlich die Eltern in solchen Situationen genervt und gereizt. Da kann es schnell vorkommen, dass man ein Kind unsanft anfasst oder es am Arm zieht oder auch anschreit. So machen Sie es richtig:

- Bücken Sie sich zum Kind herunter, sodass Sie auf gleicher Augenhöhe sind.

- Schauen Sie das Kind ruhig an.

- Berühren Sie es sanft am Oberarm.

- Nennen Sie es leicht fragend beim Namen.

- Suchen Sie seinen Blickkontakt. Sie können an seinem Blick erkennen, dass es nicht »da ist« (siehe Seite 146).

- Sagen Sie dann in ruhigem Ton, was Sie vom Kind wollen. Die Hand bleibt die ganze Zeit am Arm des Kindes.

- Wenn das Kind Ihnen antwortet, können Sie die Hand wegnehmen. Es ist nun in seiner Aufmerksamkeit zu Ihnen zurückgekehrt. Ihre Augen sollten aber weiter auf dem Gesicht des Kindes ruhen.

- Nicken Sie dem Kind beim Sprechen zu, damit es registriert, dass Sie sich ganz auf es konzentrieren.

- Bleiben Sie bis zum Schluss auf gleicher Augenhöhe (bei einem Spaziergang so lange, bis sie weitergehen).

- Halten Sie bis zuletzt den ruhigen Tonfall bei, und maßregeln Sie das Kind nicht.

Träumend fürs Leben lernen

Nächtliche Träume sind überlebenswichtig, denn sie helfen uns, Konflikte und Probleme des Tages aufzuarbeiten und wieder zu einem seelischen Gleichgewicht zu finden. Träumereien und Fantasien im Wachzustand können ebenfalls hilfreich sein, wenn sie wie geschildert gelenkt sind. Kinder, denen man die Möglichkeiten lässt, sich zu angemessenen Zeiten in das Land ihrer Fantasie oder in ein Traumland zurückzuziehen, werden diese kreative Fähigkeit auch später als Möglichkeit zur Konfliktlösung nutzen und um sich in Belastungssituationen zu schützen und zu erholen.

Die zunehmende Beliebtheit der Fantasy-Literatur bei Jugendlichen ist ein Zeichen dafür, dass das Bedürfnis nach einer Beschäftigung mit Fantasiewelten groß ist. Natürlich kann man sich auch darin verlieren, aber in der Mehrzahl der Fälle werden aus diesen Angeboten Überlebensstrategien und Regeln abgeleitet, die auch für das wirkliche Leben hilfreich sind.

Die Geschichte vom fliegenden Robert

Oder:
Von Naturgewalten und Abenteuern

Wenn der Regen niederbraust,
Wenn der Sturm das Feld
   durchsaust,
Bleiben Mädchen oder Buben
Hübsch daheim in ihren Stuben. –

Robert aber dachte: »Nein!
Das muß draußen herrlich
   sein!« –
Und im Felde patschet er
Mit dem Regenschirm umher.

Hui, wie pfeift der Sturm und keucht,
Daß der Baum sich niederbeugt!
Seht! Den Schirm erfaßt der Wind,
Und der Robert fliegt geschwind
Durch die Luft so hoch und weit;
Niemand hört ihn, wenn er schreit.
An die Wolken stößt er schon,
Und der Hut fliegt auch davon.

Schirm und Robert fliegen dort
Durch die Wolken immer fort.
Und der Hut fliegt weit voran,
Stößt zuletzt am Himmel an.
Wo der Wind sie hingetragen,
Ja, das weiß kein Mensch zu sagen.

Worum es in dieser Geschichte geht

Obwohl es heftig regnet und stürmt, schlägt ein Junge die Wetterwarnungen in den Wind und geht ins Freie. Denn das Brausen und Toben in der Natur reizt seine kindliche Abenteuerlust. Da das Kind die herrschenden Wetterverhältnisse aber noch nicht richtig einschätzen kann, weiß es nicht, welche Kraft ein Sturm entfachen kann, und wird vom Wind davongetragen.

Was diese Geschichte Eltern heute sagen kann

- Wie man Kinder mit den Jahreszeiten und den Naturgewalten vertraut macht.

- Wie Umweltschutz und ökologisches Bewusstsein kindgerecht vermittelt werden können.

- Wie Eltern der kindlichen Abenteuerlust fürsorglich, aber nicht übervorsichtig begegnen.

- Wie man Kinder mit dem richtigen Selbstbewusstsein für Herausforderungen wappnet.

Gutes Wetter – schlechtes Wetter

Früher, so hört man heute oft, gab es noch richtig schöne Sommer. Der Herbst war golden, und es gab im September noch keine Lebkuchen zu kaufen. Dann, wenn es draußen grimmig kalt war, hat man sich voller Erwartung auf Weihnachten gefreut, und wenn die Tage wieder länger wurden, machte die Frühjahrssonne gute Laune. So lernte man es auch in der Schule: Jede der vier Jahreszeiten hat ihre besondere Stimmung, und jede Saison steht für unterschiedliche Aktivitäten. Im Frühling ist Pflanzzeit, im Sommer wird die Badehose aus dem Schrank geholt, im Herbst lässt man Drachen steigen, und im Winter werden Schneemänner gebaut.

Leider scheint diese klare Abfolge der Vergangenheit anzugehören. Auf die Jahreszeiten ist kein Verlass mehr. Das Wetter tobt über uns hinweg, glüht im Winter, lässt im Sommer frieren und ist so schwer kalkulierbar geworden, dass manchem Erwachsenen richtig Angst wird. Es ist der Klimawandel, dessen dramatische Auswirkungen wir heute alle spüren.

Auch früher gab es schlechtes Wetter

Von Klimawandel war früher noch keine Rede. Deshalb war das Wetter auch mehr den Jahreszeiten gemäß. Aber es war nicht besser. Seit es Menschen gibt, mussten sie sich mit den Naturgewalten auseinandersetzen. Unwetter zogen mit Blitz und Donner über das Land, Häuser brannten durch Blitzeinschlag ab, Flüsse traten über die Ufer und überfluteten die Dörfer. Im Vergleich zu heute waren die Menschen früher den Wetterunbilden viel stärker ausgesetzt und konnten sich nicht so gut dagegen schützen. Entsprechend groß war ihr Respekt vor der Natur. Wer überflutet wurde, verlor sein Hab und Gut, und keine Versicherung half ihm weiter. Dürren machten die Ernte zunichte, denn

es war nicht möglich, so viel Wasser auf die Felder zu trans-
portieren. Waldbrände waren nicht zu kontrollieren und legten
ganze Ortschaften in Schutt und Asche.

Keine heile Wetterwelt

Bilderbücher und Geschichten in den Schulbüchern gaukeln
Kindern jedoch seit eh und je eine andere Realität vor. Da wird
im Winter auf zugefrorenen Seen Schlittschuh gelaufen und im
Sommer leicht bekleidet im Freien herumgetollt. In bunten Bildern erfährt ein Kind auch heute noch, was man
im schönen warmen Sommer und im Winter, wenn die
Welt weiß vom Schnee ist, alles unternehmen kann.
Was aber, wenn das Wetter sich nicht an diesen
schönen Schein hält und Ihr Kind Sie maulend
fragt, wann sie denn all die tollen Sachen machen werden, die in den Büchern beschrieben
sind. Der fliegende Robert aus dem »Struwwelpeter« zeigt eine realistische Wetterwelt und
ist somit ein wunderbarer Anlass, um mit Ihrem Kind über Wetter und Klima zu sprechen:
Warum das Wetter heutzutage so oft Kapriolen
schlägt. Und was jeder Mensch dafür tun kann und muss, damit wieder »Bilderbuchwetter« herrscht. Denn der Klimawandel macht auch vor der Kinderzimmertür nicht halt.

Gutes Klima ist Familiensache

Es gibt fröhlichere Themen, als mit Kindern über die Auswirkungen des Klimawandels und über Maßnahmen für den Na-
turschutz zu sprechen. Das Thema ist so wenig vergnüglich wie
AIDS und seine Verhütung, aber mindestens genauso wichtig.

Jeder einzelne Mensch, jede Familie, jeder Vater, jede Mutter und jedes Kind ist gefragt, wenn es darum geht, umweltbewusst zu denken und zu handeln. Doch auch in der Familie geht es dabei nicht nur um das Was, sondern auch um das Wie.

Das Wetter ist schön. Ganz klar, heute fährt die Familie zum Baden. Tim geht zum Schwimmen am liebsten in ein großes Spaßbad. Dort war er schon ein paar Mal mit seinen Eltern. Doch die haben plötzlich beschlossen, etwas zu ändern. Sie wollen nicht mehr jedem Trend hinterherlaufen, und sie empfinden die großen Erlebnisbäder mehr und mehr als riesige Energiefresser. »Bei diesem schönen Wetter gehe ich doch nicht in ein Hallenbad!«, versucht der Vater umzulenken. »Aber da sind auch Liegewiesen«, erinnert sich Tim. »Ich finde diese Bäder nicht gut«, meint die Mutter. »Aber warum?«, will Tim wissen. »Das war doch schön, als wir dort waren und du mit mir die Riesenrutsche runter bist.«

»Wir fahren an einen See, und damit basta«, beschließt der Vater, und als Tim zu heulen beginnt, droht er damit, dass die Familie in Zukunft ganz zu Hause bleibt, wenn Tim so ein Theater veranstaltet.

Kinder wollen verstehen

Wenn in der Familie plötzlich neue Verhaltensweisen und andere Regeln gelten sollen, müssen Kinder wissen, warum das so ist. Ein Kind hat ein Recht darauf, dass man ihm die Hintergründe erklärt, warum heute etwas anders sein soll als gestern. Dann kann es nämlich auch nachvollziehen, warum sich etwas ändern soll. Unverständlich wird ein Verhalten nur dann für andere, wenn man es nicht erklären kann.

Wenn Sie also beschlossen haben, in Zukunft Spaßbäder wegen ihres gigantischen Stromverbrauchs links liegen zu lassen oder sich an die eigene Nase fassen und die Stromfresser in Ihrem Haushalt reduzieren wollen, dann zeigen Sie Ihrem Kind die Gründe für Ihren Entschluss auf. Erklären Sie ihm, dass manche Geräte oder Aktivitäten sehr viel Strom verbrauchen und welche Folgen (für die Haushaltskasse und für die Umwelt) dieser hohe Stromverbrauch hat. Da für ein Kind am ehesten Einsicht möglich ist, wenn sich der Bezug zu seiner eigenen Lebenswelt herstellt, sollten Sie ruhig auch all die strombetriebenen Gegenstände und Utensilien ins Feld führen, die Einzug in viele Kinderzimmer gehalten haben.

Nicht engstirnig werden

So wie Sie Ihr Kind in Ihre Entscheidungen mit einbeziehen und nicht einfach einen Gesinnungswandel beschließen und Maßnahmen anordnen sollten, so sollten Sie auch jegliche Engstirnigkeit vermeiden. Ihre Bedenken hinsichtlich der Umweltverträglichkeit von Erlebnisparks beispielsweise sollten nicht zwangsläufig dazu führen, dass Ihr Kind nun nie mehr in sein geliebtes Spaßbad gehen darf. Schlagen Sie vor, die Besuche zu reduzieren: zum Beispiel nur dann, wenn es regnet, oder in der kalten Jahreszeit, wenn der Badesee sowieso nicht infrage kommt.

Wenn Sie bei Familienaktivitäten auf einmal etwas anders als bisher machen wollen, sollten Sie außerdem immer wenigstens drei Alternativvorschläge machen. Das hat den Vorteil, dass Ihr Kind wählen kann und sich nicht zu einer Sache gezwungen fühlt. Berücksichtigen Sie dabei stets auch die Wünsche und Vorlieben Ihres Kindes. Wenn ein Kind aktiv das Familienleben mitgestalten darf, geben Sie ihm dabei eine von vielen Gelegenheiten, um an Selbständigkeit zu gewinnen.

Natur und Umweltschutz zum Thema
für Kinder machen

Naturerfahrungen, und dazu gehört auch Umweltschutz, berei-
ten Kindern viel Freude, weil sie direkt auf die kindliche Neugier, den natürlichen Entdeckerdrang und die Abenteuerlust
eines Kindes abzielen. Bei Wind und Wetter »hübsch daheim in
ihren Stuben« zu bleiben, wie es im »Struwwelpeter« empfoh-
len wird, ist nicht sinnvoll, wenn Kinder Erfahrungen mit allem,
was zur Natur gehört, machen sollen.

Kinder wissen heute im Vergleich zu früher wesentlich
mehr über Klima und Ökologie. Nicht nur dank Fernsehen oder
Internet. Auch in vielen Kindergärten und Grundschulen gibt es
Natur- oder Umweltschutzprojekte, bei denen Kinder begeistert
mitmachen: Sie bauen Krötenzäune oder »retten« mit Erwachsenen Kröten, sie sammeln Müll in der Natur auf, sie lernen, ein
Beet anzulegen, und vieles mehr.

Auch in der Familie lassen sich »Umweltschutzprojekte«
starten. Zum Beispiel auf dem Balkon Kräuter pflanzen, mit der
Lupe Insekten suchen, aus Müll Skulpturen bauen und Nistkäs-
ten für Vögel aufhängen. Machen Sie das Thema Natur und ihren
Schutz außerdem immer zum interessanten Gesprächsthema in
familiärer Runde: Was bedeutet Treibhauseffekt? Was versteht
man unter globaler Erwärmung? Welche Tier- und Pflanzenarten
aus wärmeren Gefilden sind inzwischen auch bei uns beheima-
tet? Welche Tierarten sterben aufgrund des Klimawandels aus?

Umweltschutz macht Spaß

● Kaufen Sie ein Buch, das Wetter, Klima und ökologische Zusammenhänge anschaulich und kindgerecht erklärt. Überlassen Sie das Buch aber nicht einfach Ihrem Kind, sondern setzen Sie sich dazu, und sprechen Sie mit ihm darüber.

● Überlegen Sie gemeinsam in der Familie, wie Sie Energie sparen können. Legen Sie zum Beispiel ein »Spar-Buch« an: Darin bekommt jedes Familienmitglied eine Seite, in die seine Tipps geschrieben werden. Das Kind spart zum Beispiel Energie im Kinderzimmer, der Vater im Wohnzimmer oder im Hobbyraum und die Mutter vielleicht in der Küche.

● Jedes Familienmitglied wird zum »Detektiv« für eine bestimmte Energiesparmaßnahme ernannt. Das Kind könnte beispielsweise aufpassen, dass der Müll richtig getrennt wird oder ein elektronisches Gerät nicht auf Stand-by läuft.

● Leben Sie Ihren Kindern »Bewusstheit« vor – nicht nur beim Verbrauch von Energie, sondern auch im Umgang mit Nahrungsmitteln und was das Verhalten der Familienmitglieder untereinander betrifft.

Kinder brauchen Abenteuer

Bei der Geschichte vom fliegenden Robert bekommen viele Erwachsene noch heute leuchtende Augen, weil sie sich dabei stark in ihre Kindheit zurückversetzt fühlen und sich an ihre kindliche Abenteuerlust erinnern, an den Reiz des Unbekannten, den man gerade als Kind so oft verspürt, und an die vielfältigen Herausforderungen, die der Aufenthalt im Freien und in der Natur bot. Was gab es da für aufregende Situationen, die immer mit der Überwindung der eigenen Grenzen zu tun hatten: auf Bäume klettern, von Mauern herunterspringen, Drachen besiegen, in Fantasiewelten reisen. Der »Fliegende Robert« erzählt von diesen Abenteuern. Und er erzählt von der kindlichen Neugier und vom Umgang mit der Gefahr, die jedem Abenteuer innewohnt.

Grenzenlose Neugier

Manchmal überkommt uns noch als Erwachsene diese kindliche Neugier. Dann wagen wir uns an Dinge fast unvoreingenommen heran, betrachten sie mit staunenden Augen und wollen sie unmittelbar und direkt ohne Kommentierung von außen erleben und bewundern. Die Neugier eines Kindes ist bestechend, denn sie ist die Triebfeder, um seine Welt zu erfahren. Das Kind erkundet Neues, lernt dabei ungeheuer viel und will das, was es an Fertigkeiten gelernt hat, sofort ausprobieren. Es lässt sich von nichts aufhalten oder abhalten. Seine Neugier kennt keine Grenzen.

Später im Leben betrachten viele Erwachsene Grenzen eher als Barrieren und trauen sich nicht mehr, diese Grenzen anzutasten oder gar zu überschreiten. Als Erwachsener hat man schließlich gelernt, was alles schiefgehen kann. Häufig übertragen Eltern ihre Definition von Grenzen aufgrund ihrer eigenen

Erfahrungen und aus Sorge vor möglichen negativen Folgen auch auf ihr Kind. Sie erleben sich selbst dabei als fürsorgliche Eltern, doch in Wirklichkeit engen sie ihr Kind durch diese Grenzziehung ein.

Unsichere Eltern – unsichere Kinder

Manche Eltern verhalten sich vor lauter Angst und Sorge um ihr Kind so übervorsichtig und sehen ständig Katastrophen vorher, dass sie ihr Kind an vielem hindern, was es mit seiner Neugier und seiner Unternehmungslust ausprobieren möchte:

Das Baby nähert sich krabbelnd dem Napf mit Katzenfutter und greift sich etwas von den vermuteten Leckereien. Die Mutter stößt einen spitzen Schrei aus und zieht das Kind mit einer heftigen Bewegung zurück.

Das Kleinkind, das gerade laufen gelernt hat, geht tapsend auf die Kellertreppe zu. Sofort geht der Vater mit einem Warnruf dazwischen und trägt das Kind zurück in den Laufstall.

Ein älteres Kind klettert auf eine Leiter und wird von den Eltern mit den Worten »Komm sofort da runter, da kann man runterfallen« am Weiterklettern gehindert.

Die Unsicherheit, die die Eltern mit diesem Verhalten zum Ausdruck bringen, überträgt sich dabei auf das Kind. Nach einiger Zeit stellen die Eltern dann vielleicht fest, dass ihr Kind in seinen motorischen Fähigkeiten ungeschickt wirkt. Es erscheint außerdem gehemmt, blickt sich oft nach den Eltern um, liest erst in deren Mienen und wagt sich dann erst weiter, wenn es eine verbale oder nonverbale Zustimmung erhält. Die vermeintliche Fürsorge hat dazu geführt, dass das Kind den eigenen Instinkten nicht mehr traut und die Sicherheit im Außen sucht. Es hält sich zurück, es reduziert seine Neugier und auch seine Möglichkeiten. Entwicklung verlangt aber das ganze Potenzial.

Erlernte Inkompetenz

Wenn Eltern das kindliche Ausprobieren mit ständiger Aufregung und Hektik begleiten und ihr Kind bei allem und jedem vor möglichen Gefahren warnen, führt das zu einer Verunsicherung, die von Fachleuten heute als »erlernte Inkompetenz« oder »erlernte Hilflosigkeit« beschrieben wird. Kinder, die die Konsequenzen ihres Handelns nicht am eigenen Leib erfahren und sich somit nicht selbst einschätzen können, neigen oft zu Mutlosigkeit und Apathie. Sie entwickeln Verhaltenstendenzen, die von Außenstehenden als Passivität gesehen werden. In der Schule nennt man sie oft »faul«. Der Gefahr, etwas falsch zu machen, zieht das Kind das Nichtstun vor. Oder es rettet sein Selbstbewusstsein dadurch, dass es seinen »Erfolg« zum Beispiel durch Kaspereien sichert.

Eltern als Sicherheitsnetz

Natürlich ist es die vordringliche Aufgabe der Eltern, ihr Kind vor Gefahren zu behüten. Das können Sie aber auch tun, indem Sie teilnehmender Beobachter sind. Auf diese Weise sind Sie der erste Zeuge der Erfolge Ihres Kindes. So gesehen ist Ihre Anwesenheit hilfreich, falls Ihr Kind tatsächlich eine Gefahr übersieht, aber häufig ist es hilfreicher, wenn Sie Ihrem Kind bei seinen neugierigen Erkundungen abwartend zur Seite stehen. Die Tatsache, dass Sie in der Nähe sind, beruhigt und unterstützt Ihr Kind in seinem Tun. Ihr unaufgeregtes Beobachten signalisiert dem Kind vertrauensvolle Präsenz und wirkt wie ein Sicherheitsnetz: Wenn es wirklich brenzlig wird, dann ist jemand da!

Valentin geht mit seinen Eltern spazieren. Am Weg entlang schlängelt sich ein kleiner Bach, zu dem es das Kind magisch hinzieht. Das Wasser plätschert, und die Sonnenstrahlen glitzern auf der Oberfläche. Vielleicht schwimmen sogar Fische darin, denkt Valentin, denn er hat ein Bilderbuch, in dem ein Junge angelt. Auf den Steinen im Bach, die vom Wasser umspült werden, kann man bestimmt herrlich balancieren. Valentin streckt sich, um mit seinen kurzen Beinchen den Stein zu erreichen, der dem Ufer am nächsten ist. Nein, es reicht nicht. Noch ein bisschen und er wird das Gleichgewicht verlieren ...

Sehnsüchtig geht Valentins Blick in Richtung Wasser, ängstlich schaut er auch immer wieder zurück zu den Eltern. Valentins Mutter, die ihren kleinen Sohn abwartend beobachtet hat, kommt jetzt näher und fragt ihn, ob sie ihm die Hand reichen soll. Valentin strahlt. An der Hand der Mutter kann er sicher über alle Steine balancieren und gleichzeitig ein wenig Ausschau nach den Fischen halten.

Neugier und Ängstlichkeit gehören zusammen

Manchmal zeigen sich Kinder neugierig, manchmal ängstlich und abwartend. Beide Verhaltensweisen gehören zur Entwicklung eines Kindes, und bei vielen Situationen im Alltag geht es genau darum, entweder die Neugier walten oder sich von der Angst leiten zu lassen. Im günstigsten Fall ist es so, dass die Neugierde etwas stärker ist und die Oberhand gewinnt, weil die Ängstlichkeit durch Vertrauen in die Nähe der Eltern abgemildert und kontrolliert werden kann. Angst zu verspüren ist eine notwendige Voraussetzung erfolgreicher Lebensbewältigung. Denn die Angst hindert einen Menschen daran, sich leichtfertig in Gefahr zu begeben und sein Leben aufs Spiel zu setzen.

Selbstbewusste Kinder – wagemutige Kinder

Kinder, die sich ihrer eigenen Fähigkeiten bewusst, also im besten Sinne selbstbewusst sind, schaffen es meist, ein gutes Gleichgewicht zwischen Neugier und Vorsicht herzustellen. Damit ein Kind selbstbewusst wird, ist es nötig, dass es ein Gespür dafür entwickelt, was es schon allein kann und wobei es noch die Hilfe der Eltern benötigt. Geben Sie deshalb Ihrem Kind immer wieder Möglichkeiten, seine Grenzen auszutesten, seien Sie dabei aber stets unterstützend in seiner Nähe. Wenn ein Kind sich unter diesen Bedingungen ausprobieren und neues Verhalten erlernen kann, gewinnt es mehr und mehr Sicherheit, was die Einschätzung der eigenen Fähigkeiten betrifft. Die Sicherheit stärkt sein Vertrauen in sich selbst, und die Erfahrung, nicht allein gelassen zu werden, stärkt zugleich sein Vertrauen in seine Mitmenschen und in soziale Beziehungen.

Motivieren statt Ängstlichkeit vermitteln

Der griechische Philosoph Epiktet schrieb: »Es sind nicht die Dinge, die uns beunruhigen, sondern die Vorstellungen, die wir uns von ihnen machen.« So wie Eltern mit eher ängstlichen Verhaltensweisen häufig auch ängstliche Kinder haben, gelingt das Vermitteln von Selbstbewusstsein naturgemäß dann am besten, wenn auch die Eltern Vertrauen in ihre eigenen Fähigkeiten und in die des Kindes haben. Beobachtungen zeigten, dass überbesorgte Eltern ihren Kindern häufig mit großem emotionalem

Aufwand Ängste vermitteln, indem sie etwaige Gefahrensituationen übermäßig beschwören und drastisch ausmalen.

Gerade beim Umgang mit Ängsten und in der Entwicklung von Selbstsicherheit und Selbstbewusstsein kommt der Sprache eine wichtige Funktion zu: Sie hilft, angstauslösende Situationen begreifbar zu machen, und sie hilft, auf möglicherweise gefährliche Situationen vorzubereiten. Auf der anderen Seite kann man genauso mit Sprache Verunsicherung schaffen und Katastrophen herbeireden. Ihr Kind hört, was und wie Sie etwas sagen, und da es kaum Vergleiche hat und Sie der wichtigste Mensch in seinem Leben sind, wird es Ihnen glauben, was Sie sagen.

Sabrina wird von ihrer Mutter in den neuen Kindergarten gebracht. Im Kindergarten, den Sabrina davor besuchte, hat sie nach Aussagen der Mutter starke Ängste entwickelt. Zur Überraschung der Erzieherin geht Sabrina gleich auf die neuen Kinder zu und erforscht neugierig die Spielmaterialien. »Ja, ja«, meint die Mutter, »jetzt ist auch noch alles neu. Sabrina ist neugierig. Aber ich garantiere Ihnen, in einer Woche hat sie wieder Angst und will nicht mehr hierher.«

Kurz darauf geht Sabrina mit ihrer Kindergartengruppe in den Zoo. Am Kassenhäuschen bleibt sie stehen: »Meine Mama hat gesagt, dass ich vor den großen Tieren im Zoo Angst habe. Ich will da nicht rein.« – »Aber heute gehst du mit uns, und da hast du keine Angst«, ermutigt sie die Erzieherin. Sabrina ist erleichtert und geht ohne weitere Anzeichen von Furcht mit in den Zoo.

> *Anne geht im Urlaub mit ihrer Mutter zu einem Bauernhof, um Milch zu holen. An der Tür zum Kuhstall bleibt Anne erschrocken stehen. »Die sind ja so groß wie Elefanten«, flüstert sie. »Na ja«, antwortet die Mutter mit ruhiger Stimme, »Kühe sind nicht ganz so groß. Aber wenn sie kleiner wären, könnten sie auch nicht so viel leckere Milch geben. Wollen wir uns mal anschauen, wie sie gemolken werden? Wir müssen nur aufpassen, dass sie uns nicht versehentlich auf die Füße treten.«*

Die Sprache der Motivation

Im einen Beispiel wirken Worte auf das Kind hemmend. Im anderen Fall unterstützen die Worte der Mutter das Kind darin, eine Situation zu erkennen und richtig zu beurteilen. Kinder, die zu viel »Vorsicht!«, »Pass auf!«, »Geh weg, das ist gefährlich« zu hören bekommen, entwickeln zunehmend Scheu und Angst. Sie trauen sich nicht viel zu und beäugen jede neue Situation argwöhnisch als Gefahr, die es zu vermeiden gilt, und nicht als Herausforderung, die zu bestehen ist. Wenn ein Kind sich aber nicht an Herausforderungen wagt, dann kann es auch keine Erfolge für sich verbuchen.

Es gibt zu dem bremsenden »Pass auf!« ein motivierendes Pendant. Und das lautet: »Das hast du doch schon einmal geschafft …« Rufen Sie Ihrem Kind bei allen Gelegenheiten, wo es sich zögerlich oder ängstlich verhält, vergleichbare Situationen in Erinnerung, in denen es sich bereits erfolgreich bewährt hat. Bringen Sie zugleich zum Ausdruck, dass Sie auch in der jetzigen Situation unterstützend an der Seite Ihres Kindes stehen. Das kann sich dann so anhören:

»Erinnerst du dich, wie du vor den Kühen Angst hattest, und später hast du sie sogar gestreichelt!« – »Wenn ich dir meine Hand reiche, dann schaffst du das jetzt auch!« – »Ich bin da, und wenn du Hilfe brauchst, dann kannst du nach mir rufen.« – »Probier die Schaukel aus. Es macht Spaß zu schaukeln, und ich stehe daneben und passe auf.«

Kindern Zeit lassen

Neben der verbalen Motivation durch die Eltern bedeutet es für ein Kind eine große Hilfe, wenn man ihm die Zeit lässt, die es braucht, um sich auszuprobieren und Aufgaben allein auszuführen. Manchmal stellt dies für die Eltern eine echte Geduldsprobe dar. »Nun mach doch zu!«, drängeln sie dann das Kind. Doch Kinder erfahren in jedem Moment und bei jeder Handlung die Welt und lernen dazu, und zwar in der ihnen angemessenen Zeit. Und diese Zeitspanne wird das Zeitmaß eines Erwachsenen immer wieder mal überschreiten. Widerstehen Sie deshalb auch der Versuchung, Ihrem Kind bei Dingen zu helfen, die es das erste Mal tut. Versuchen Sie nicht, den laufenden Vorgang zu beschleunigen, und greifen Sie nicht in diese Handlung ein, auch wenn es durch Ihre Mithilfe etwas flotter ginge.

Auch langsames Lernen bringt Erfolg. Sogar in mehrfacher Hinsicht. Wenn Ihr Kind nämlich die Möglichkeit (und die Zeit) bekommt, sich in eine Sache ganz zu versenken, und viel Konzentration und Geduld in diese Erfahrung investiert, dann entwickelt sich manchmal aus so einer gründlichen Beschäftigung eine Lieblingsaktivität. Wenn dann für Ihr Kind noch das Erfolgserlebnis hinzukommt, etwas, was es besonders gerne macht, immer besser zu bewältigen, und Sie diese schrittweisen Lernerfolge auch noch gebührend loben, dann hat der Erfolg gleich mehrere Väter (oder Mütter).

Kindern Rückenwind geben

Kinder brauchen kräftigen Rückenwind, um Abenteuer in der Fantasie oder Herausforderungen in der Realität zu bestehen. Ein laues Lüftchen hebt den fliegenden Robert nicht in die Höhe und bringt auch Ihr Kind in seiner Entwicklung nicht sehr weit – auch wenn laue Lüftchen angenehmer erscheinen und weniger Gefahren mit sich bringen.

Geben Sie Ihrem Kind deshalb Rückenwind, und zwar in allen Lebenslagen, nicht nur dann, wenn es darum geht, etwas zu lernen oder zu erfahren. Auch in der Verarbeitung seiner Erfahrungen sollte sich Ihr Kind von Ihnen sicher auf seinem Flug durchs Leben begleitet fühlen:

● **Unterstützen Sie Ihr Kind darin, sich als einzigartig und wertvoll zu erleben,** indem Sie Ihrem Kind zuhören, seine Bedürfnisse, Wünsche und Träume respektieren, seine besonderen Begabungen und Kompetenzen erkennen und wertschätzen und Ihr Kind darin bekräftigen, sich als Individuum in einer vielfältigen und bunten kulturellen und ethnischen Gemeinschaft wohlzufühlen.

● **Helfen Sie Ihrem Kind, sich als sozial eingebunden wahrzunehmen,** indem Sie ihm solidarisches und mitmenschliches Verhalten vorleben und ihm zeigen, wie man Konflikte konstruktiv löst und Gefühle angemessen zeigt.

● **Fördern Sie Ihr Kind darin, selbstsicheres Verhalten zu entwickeln,** indem Sie es immer wieder lobend und motivierend darin bestärken, was es bereits alles kann, und indem Sie ihm helfen, seine eigenen Leistungen angemessen einzuschätzen.

● **Machen Sie selbst immer wieder »Inventur«,** indem Sie sich im Laufe der Entwicklung Ihres Kindes fragen, welche Erwartungen Sie an sich selbst, an Ihr Kind und an das Leben haben. Überprüfen Sie immer wieder, ob diese Erwartungen mit der Realität überstimmen, noch passen und Ihr Kind auf seinem eigenen Weg hilfreich unterstützen.

Die Geschichte des »Struwwelpeters«

»Bücher haben ihre Schicksale«, schreibt Heinrich Hoffmann, der Vater des »Struwwelpeters«, in den Aufzeichnungen, die für seine Familie als eine Art Erbe gedacht waren. In Anlehnung an seinen Bestseller »Der Struwwelpeter« heißen diese Erinnerungen »Struwwelpeter Hoffmann«.

Sein Buch-Klassiker, auf dessen Verkaufszahlen heute noch Autoren neidisch blicken, war jedoch nie als Bestseller gedacht oder erwartet worden. Es handelte sich vielmehr um ein Geschenk, genauer eine Weihnachtsüberraschung eines Vaters für seinen Sohn. Heinrich Hoffmann und seine Frau erwarteten im Winter 1844 ihr zweites Kind. Neben der damit verbundenen Aufregung und Freude wollte Heinrich Hoffmann aber auch seinem Söhnchen Carl ein besonderes Weihnachtsgeschenk machen. Es sollte ein Bilderbuch sein, und der Vater machte sich auf die Suche nach einem passenden Buch. Er fand aber keines, das seinen Vorstellungen entsprach.

»Ich hatte in den Buchläden allerlei Zeug gesehen«, erinnert er sich in seiner Familiengeschichte, »trefflich gezeichnet, glänzend bemalt, Märchen, Geschichten, Indianer- und Räuberszenen.« Die Abbildungen in diesen Büchern waren für die Kinder mit Größenangaben versehen, sodass die Kinder hochrechnen mussten, wie groß ein Tisch oder Stuhl in Wirklichkeit war. Heinrich Hoffmann fand das unsinnig. Auch die Art und Weise, wie die Bücher den Kindern ein Thema nahebrachten, gefiel ihm nicht. »Das Kind lernt einfach nur durch das Auge, und nur das, was es sieht, begreift es. Mit moralischen Vorschriften zumal weiß es nichts anzufangen! Die Mahnung: Sei reinlich! Sei vorsichtig mit dem Feuerzeug, und lass es liegen! Sei folgsam – das sind alles leere Worte für das Kind.«

Heinrich Hoffmann ärgerte sich darüber und erkannte einen Bedarf. Erst einmal für seinen Sohn. Da er bereits zuvor immer mal wieder geschrieben hatte und sich folglich auch ein wenig als Autor sah, lag die Idee nahe, die Suche aufzugeben und seinem Sohn selbst ein Buch zu schreiben. Eines, das dem kleinen Carl auch anhand der Illustrationen helfen sollte zu erkennen, was in der Welt und im Verhalten gefährlich ist und was nicht. Keine großen Reden, sondern einprägsame Verse und eindeutige Bilder wollte er dafür finden. Er kaufte sich also ein leeres Heft und begann Geschichten zu erfinden und zu zeichnen.

Zu dieser Zeit arbeitete Heinrich Hoffmann in erster Linie als Arzt und Psychiater. Damals galt es als erzieherische Maßnahme, Kindern mit dem Schornsteinfeger oder aber mit dem Arzt zu drohen, wenn sie ungehorsam waren. Deshalb hatten viele Kinder, wenn sie krank wurden und der Arzt kommen musste, Angst vor dem Mann, der ihnen eigentlich helfen wollte, und schrien und wehrten sich. Als Dr. Hoffmann wieder einmal bei einem vor Angst zitternden Kind saß, begann er am Bett des Kindes zu malen und zu dichten. Das Kind sah dem Arzt beim Malen zu und war abgelenkt. Während Heinrich Hoffmann dem Kind die Zeichnung erklärte, fühlte er wie nebenbei den Puls des Kindes.

Heinrich Hoffmann hatte einen Jungen mit strubbeligen Haaren gezeichnet und erzählte seinem kleinen Patienten, wie es Kindern ergeht, die sich nicht waschen und sich nicht die Haare schneiden lassen wollen. Der Struwwelpeter war geboren!

Das Buch, das er seinem Sohn zu Weihnachten schenken wollte, hatte Heinrich Hoffmann zu diesem Zeitpunkt schon fast fertig. Eine Seite war allerdings noch frei. Die letzte. An diese Stelle wanderte die Zeichnung von dem ungepflegten Peter, die er am Krankenbett des ängstlichen Kindes angefertigt hatte. Im Originalbuch war der Struwwelpeter also auf der letzten Seite.

 ## Eine Erfolgsgeschichte nimmt ihren Lauf

Heinrich Hoffmanns Sohn Carl war von dem Buch begeistert, und die Verwandtschaft, die sich wenige Tage nach Weihnachten zur Taufe des zweiten Kindes traf, ebenso. »Das muss gedruckt werden!«, hieß es, schon allein deswegen, weil Kinder Bücher nicht gerade pfleglich behandeln und die Seiten schnell zerreißen. Die Überlebensdauer eines einzigen Exemplars war viel zu gering.

Zu Hoffmanns Bekanntenkreis zählten zwei Buchhändler, J. Rütten und Dr. Löning, die gerade eine Buchhandlung mit dem Namen »Literarische Anstalt« gegründet hatten. Als sie das Heft sahen, waren sie aus dem Häuschen und witterten ein gutes Geschäft. Nach kurzer Verhandlung erhielten sie vom Autor die Genehmigung zum Druck. Kaum war das Weihnachtsgeschenk überreicht, musste es der Sohn also schon wieder hergeben. Er wurde vom Vater damit getröstet, dass er bald zwei neue Bücher bekommen würde, und der »Struwwelpeter« erschien in der ersten Auflage unter dem Titel »Drollige Geschichten und lustige Bilder für Kinder von 3–6 Jahren«. Als Autor gab sich Heinrich Hoffmann den Namen »Reimerich Kinderlieb«. Erst später wurde das Buch unter dem Titel »Der Struwwelpeter« bekannt.

Der erste Druck des Buches gestaltete sich freilich noch etwas schwierig, denn im Verlagswesen hatte man mit Kinderbüchern bis dahin noch kaum Erfahrung. Was es gab, erinnerte vom Format an die Bücher der Erwachsenenliteratur. Heinrich Hoffmann erinnerte sich: »Kinderbücher – sagte ich – müssen solid aussehen, aber nicht sein, sie sind nicht allein zum Betrachten und Lesen, sondern auch zum Zerreißen bestimmt.« Dazu gehörten für ihn starke Pappdeckel und schwache Buchrücken. Und preisgünstig sollte das Buch auch sein.

Nach etwa vier Wochen bekam Heinrich Hoffmann die Nachricht von seinen Verlegern, die ausgelieferten Bücher wären bereits alle verkauft, »verschwunden, wie ein Tropfen Wasser auf einem heißen Steine«. Der Absatz wuchs und wuchs, und Querelen zwischen Verlag und Autor blieben nicht aus, denn niemand hatte erwartet, dass dieses Buch ein derartiger Verkaufsschlager werden würde. So kam es sogar zu unerlaubten Kopien und dem Nachdruck bei anderen Verlagen. Bei einer Gerichtsverhandlung erklärte Heinrich Hoffmann, dass es die Bilder wären, die für ihn das Hauptmerkmal des »Struwwelpeters« seien. Die Bilder würden die Botschaften übermitteln, die für die Kinder wichtig sind. In den Versen sah er eher eine Zier. Damit betonte Heinrich Hoffmann, was heute in der Erziehung immer wichtiger wird: das bildhafte Denken und Vermitteln, auch »die Kraft der Imagination« genannt. Kinder (und auch Erwachsene) lernen neues Verhalten durch Bilder.

Der »Struwwelpeter« wurde zu einem der bekanntesten Kinderbücher, er wurde in viele Sprachen übersetzt und immer mal wieder neu verlegt und interpretiert. Das Original erkennt man an seinem besonderen Format, nicht zu vergessen: dem festen Einband und dem schmalen Rücken.

Register

Über die Autoren

Karl L. Holtz (geboren 1941), Dr. paed., em. Prof. für Psychologie in sonderpädagogischen Handlungsfeldern (Schwerpunkte: Lern- und Entwicklungsförderung, Ressourcenorientierung, systemisch-lösungsorientierte Ansätze in Beratung, Supervision und Therapie) an der Pädagogischen Hochschule Heidelberg. Dipl. Psych. Psychologischer Psychotherapeut, Kinder- und Jugendlichentherapeut. Ausbilder und Supervisor für Kinder- und Jugendlichentherapeuten. Mitbegründer des Instituts für Lösungsorientierte Beratung und Supervision (ILBS) in Heidelberg. Vater von vier Töchtern.

Christine Weiner (geboren 1960), Erzieherin, Heilpädagogin, Studium der Betriebswirtschaftslehre mit Schwerpunkt Personalentwicklung, Gesundheitsmanagement (Master), Beratung, Supervision, Trainerin (unter anderem für Stressbewältigung). Autorin verschiedener Bücher und Buchexpertin SWR FS und ARD 1 Plus (digital).